Bebé:
instructivo

Agradecemos a:

BEBÉ CONFORT
MOULIN ROTY
DOUDOU & CIE
JACADI
LA REDOUTE
LES 3 SUISSES
FLY
IKEA
MILTON
MAISON DE FAMILLE
ATLAS
COMBELLE

Agencias CUTE, SUECCESS y MOINS DE 20 ANS
y a los bebés Emma, Garance, Yohan y Zoé

EDICIÓN ORIGINAL
Editor: Aline Sibony-Ismail
con la colaboración de Anne-Laure Couvreur
Fotografías: Option Photo
Estética: Rosalie

EDICIÓN PARA AMÉRICA LATINA
Dirección editorial: Amalia Estrada
Asistencia editorial: Lourdes Corona
Coordinación de portadas: Mónica Godínez
Asistencia administrativa: Guadalupe Gil
Revisión técnica médica: Claudia Godínez Hernández
Traducción de Ediciones Larousse con la colaboración del
Instituto Francés de América Latina (IFAL) y de Eréndira Reyes Gutiérrez

Título original: *Bébé mode d'emploi*
D.R. © MMIV Marabout, París
D.R.© MMVI Ediciones Larousse S.A. de C.V.
Londres núm. 247, México, 06600, D.F.
ISBN 2-501-04072-4 (Marabout)
ISBN 970-22-1312-6 (Ediciones Larousse S.A. de C.V.)

PRIMERA REIMPRESIÓN DE LA PRIMERA EDICIÓN — II/06

Impreso en México - Printed in Mexico

Claire Pinson
Dr. Marc Sznajder

Bebé:
instructivo

● MARABOUT ●

Índice

índice

alimentar al bebé

ALIMENTACIÓN CON LECHE MATERNA

LOS PEDIATRAS ESPECIALISTAS EN LACTANCIA RECOMIENDAN LA ALIMENTACIÓN CON LECHE MATERNA POR SER PRÁCTICA, BARATA E HIGIÉNICA. ES CIERTO, LA LECHE MATERNA ES LA MEJOR QUE SU HIJO PUEDE RECIBIR; SIN EMBARGO, SE RECOMIENDA QUE LAS MAMÁS RENUENTES A AMAMANTAR NO SE OBLIGUEN A HACERLO. MÁS VALE UNA BUENA ALIMENTACIÓN CON BIBERÓN QUE UNA LACTANCIA DESASTROSA CON LECHE MATERNA.

PREPÁRESE

Empiece por lavarse las manos y limpiar sus senos para eliminar los gérmenes que pudieran contaminar al bebé. Use una compresa limpia que no despida residuos, imprégnela con agua hervida o suero fisiológico y pásela varias veces sobre el pezón y la areola. No oculte su olor natural con jabón ni agua de tocador.

SIÉNTESE CONFORTABLEMENTE

Desabroche su blusa y tome al bebé entre sus brazos. Siéntese confortablemente recargando la espalda sobre cojines o sobre el respaldo de una silla, de modo que pueda permanecer así durante largo tiempo. Si desea, coloque un cojín o una almohada sobre sus rodillas para que el bebé se acomode bien y usted pueda apoyar su antebrazo. Un ambiente tranquilo, en el que pueda tomarse su tiempo, garantizará su éxito en esta tarea.

COLOQUE A SU BEBÉ AL SENO

Coloque a su bebé ligeramente sentado, con la cabeza orientada hacia su seno, pero sin girarla demasiado. Apoye su cabecita sobre su brazo. El bebé sentirá que lo sostiene y su cabeza no rodará hacia un lado. Con su dedo índice, acaricie suavemente la boca del bebé y luego acerque el seno sosteniéndolo entre el pulgar (por encima de la areola) y los demás dedos (por debajo). Ofrézcale la areola al bebé, e introdúzcala completamente en su boca.

VIGILE QUE TODO ESTÉ BIEN

Durante la lactancia, el bebé debe permanecer con la areola dentro de la boca. Su nariz debe estar libre para que respire amplia y satisfactoriamente (si su bebé tiene la nariz obstruida, piense en hacerle un lavado nasal previo con suero fisiológico, *cf.* p. 92). Si es necesario, presione la parte superior de su seno, justo por encima de la areola, para despejar el área cerca de la nariz del pequeño. Si el bebé transpira, descúbralo un poco. Alimentarse requiere un esfuerzo importante para el bebé, quizás pueda tener calor o sentirse incómodo. Depende de usted que se sienta a gusto.

> Lactancia y medicamentos

Si usted está amamantando, varios medicamentos le serán contraindicados. Dicha prohibición se refiere a la mayoría de los antidepresivos, tranquilizantes, algunos antibióticos... Nunca tome medicamentos, aun si le parecen inofensivos, sin hablar primero con su médico.

> ¿A horas fijas o a libre demanda?

Si bien es cierto que la regularidad en las comidas es importante, siempre se recomienda aprender a conocer el ritmo de su bebé. Es inútil forzarlo a comer (excepto en el caso de los bebés con bajo peso al nacer) o dejarlo llorar de hambre.

SU BEBÉ SE ALIMENTA

Deje a su bebé alimentarse hasta que se satisfaga, pero sin rebasar los 20 minutos por seno (1). Es importante saber que, en principio, después de 5 minutos, el bebé ha tomado ya 4/5 de su ración. Si permanece en el seno más de 40 minutos, puede deberse a que la alimentación es insuficiente (conviene verificar el aumento de peso de su bebé, sobre todo si se agita entre comidas, y consultar a su pediatra para tomar las medidas necesarias). También es posible que tenga una gran necesidad de succionar. Si su bebé no ingiere mucho líquido, probablemente los periodos de alimentación sean menos espaciados entre sí. No se preocupe por su apetito, un bebé que se alimenta del seno siempre ingerirá la cantidad de leche que necesite.

HAGA UNA PAUSA

Para que su bebé se desprenda de la areola cuando termine de alimentarse en el primer seno, oprima la parte superior de su seno con la punta de sus dedos. Ponga un paño en su hombro y recueste al bebé para que eructe, si es necesario (2), antes de pasar al otro seno.

CAMBIE DE SENO

Efectivamente, es preferible ofrecerle los dos senos cada vez (después de haber vaciado el primero); esto estimula la lactancia, evita la acumulación de leche en los senos y permite conservar la simetría de los mismos. Si empezó con el seno derecho, continúe con el izquierdo en la siguiente ocasión. Para recordar con qué seno empezó, ponga alguna señal —por ejemplo, un listón— en el tirante de su sostén. Coloque a su bebé frente al otro seno (3) y déjelo prenderse de la areola, tal como lo hizo con el primer seno.

LA ALIMENTACIÓN CONTINÚA

Deje que su bebé succione cuanto quiera con más rapidez en el segundo seno que con el primero. Mientras come, quizás se duerma en su seno. En tal caso, desprenda su boca suavemente, presionando en la parte superior de su seno; luego, póngalo en posición vertical, recostado sobre su hombro, para que eructe el aire que ingirió; pero no se obsesione: un bebé que se alimenta del seno traga menos aire que uno que lo hace con biberón. Si después de diez minutos no ocurre nada, puede acostar a su bebé sin ningún temor.

SU BEBÉ ESTÁ SATISFECHO

Cuando su bebé quede satisfecho, aproveche este instante privilegiado para acariciarlo. Arrúllelo entre sus brazos: disfrutará su calor y su dulzura, ¡igual que usted!

> La acumulación de leche en los senos

Justo después del parto, la glándula mamaria secreta el calostro, sustancia rica en proteínas y anticuerpos, adaptada a la nutrición del bebé durante los primeros días. La leche sale alrededor del 4° día después de poner el seno al bebé, lo cual deberá hacerse lo antes posible (alrededor de tres horas después del nacimiento de su bebé). Los senos se endurecen, se inflaman y duelen un poco; también pueden provocar fiebre moderada. Si sus senos están demasiado duros, su bebé puede tener dificultades para tomar la areola. Usted tendrá que suavizarlos (cf. "Si sus senos se congestionan", p. 14) o vaciarlos (cf. "Recupere su leche manualmente", p. 16). Después de algunos días de amamantar a su bebé, la lactancia se regulariza y los problemas tienden a desaparecer.

1

2
3

> El destete

Prepare a su bebé para esta importante etapa observando algunas reglas; así, su pequeño aceptará el cambio más fácilmente:

• Tómese su tiempo para acostumbrar al pequeño a su nueva forma de alimentación.

• Si su bebé rechaza categóricamente el biberón, empiece por darle de comer de su seno y luego, durante el amamantamiento, ofrézcale el biberón para que no asocie "biberón = privación del seno". Considere extraer su propia leche (*cf.* p.16) para ponerla en el biberón que le ofrecerá al bebé, de tal modo que no resienta el cambio.

• Si siente que le está imponiendo el biberón, solicite al papá o a alguien más que realice esta tarea y retírese. Eso evitará que su bebé perciba sus aprehensiones y se distraiga así del biberón.

AMAMANTAR AL BEBÉ RECOSTADA

Nada más natural que dar el seno en esta posición... ya sea durante la alimentación nocturna o por el hecho de que usted tenga que permanecer recostada, en especial, después de una cesárea o en el caso de una episiotomía dolorosa.

PREPÁRESE

Ponga a su alcance todo lo que necesite (suero fisiológico, compresa, babero o pañal de tela para el bebé). Recuéstese confortablemente sobre un costado y limpie su pezón con una compresa impregnada de suero fisiológico.

LA POSICIÓN CORRECTA PARA USTED

Una de las posiciones más confortables es permanecer recostada sobre un costado, acurrucada, con la cabeza apoyada sobre su brazo flexionado y el codo apoyado en el colchón o el sillón. Para evitar la fatiga en la muñeca, puede apoyar su cabeza alternando la posición de la mano: abierta, ligeramente extendida, o sobre su puño cerrado y semi-flexionado (1). También puede recostarse completamente sobre su costado, con su brazo reposando en el colchón o en el sillón en posición horizontal, como una prolongación de su propio cuerpo, o bien, flexionado de modo que su cabeza pueda reposar sobre el brazo (2).

> ¿Hay que cambiar al bebé antes o después de alimentarlo?

Es lógico que cambie al bebé después de alimentarlo puesto que, con frecuencia, cuando tiene el estómago lleno, defeca. Sin embargo, es posible que su bebé se duerma al alimentarlo y que usted no quiera despertarlo. En ese caso, déjelo unos diez minutos para que se recupere y, luego, haga que eructe y cámbielo delicadamente... para volver a acostarlo con el fin de que termine su siesta tranquilamente.

...Y SU BEBÉ

Recueste a su bebé de lado, de frente a usted, con la cara a la altura de su seno, y ofrézcale la areola vigilando que la introduzca completamente en su boca. Sosténgalo pasando una mano por detrás de su espalda para que no se ruede a un lado. Su nariz deberá estar libre para que pueda respirar sin dificultad. Cuide que su seno no obstruya su nariz. En caso contrario, descúbrala presionando con el dedo la parte superior del seno. Para tranquilizar a su bebé y prolongar el contacto con él, acaricie suavemente su espalda de abajo hacia arriba y viceversa, o con movimientos circulares. ¡Le encantará!

HAGA UNA PAUSA

Una vez que su bebé haya tomado lo suficiente del seno derecho, siéntese con la espalda perfectamente recta, apoyada sobre algunas almohadas o cojines. Tome a su bebé poniendo su cabeza a la altura de su hombro y déle algunos golpecitos en la espalda, de forma que expulse el aire ingerido. Conserve al bebé abrazado un momento si le parece que no tiene hambre (¡el momento de la lactancia también es el de las caricias!). En caso contrario, ofrézcale inmediatamente el otro seno.

CAMBIE DE SENO

Vuélvase para ofrecerle el otro seno. Si su bebé se duerme, estimúlelo acariciándole suavemente la cabeza, la mejilla y la espalda. Una vez que haya terminado, siéntese de nuevo y haga que eructe una vez más.

1
2

CUIDADO DE LOS SENOS

PARA ALIMENTAR A SU BEBÉ TRANQUILAMENTE, ES INDISPENSABLE QUE CUIDE SUS SENOS. SI TIENE ALGUNA MOLESTIA, APRENDA A ALIVIARLA.

SEQUE BIEN SUS SENOS

Para evitar las grietas y la piel reseca, es indispensable que después de cada sesión de alimentación limpie sus senos con una compresa impregnada de agua hervida o suero fisiológico y los seque bien. Utilice una compresa diferente y seca para cada uno de los senos. Evite dejar a su bebé demasiado tiempo prendido al seno, ya que la succión prolongada favorece la aparición de grietas.

LOS PROTECTORES PARA LACTANCIA

Para proteger sus senos, coloque en las copas de su sostén protectores para lactancia, los cuales evitarán que la tela friccione el pezón. Por razones de higiene, cámbielos cada dos sesiones de lactación y lave su sostén todos los días con jabón hipoalergénico.

EN CASO DE FUGAS

Las pequeñas fugas de leche entre una y otra sesión de lactancia son frecuentes. Si éstas se vuelven abundantes y manchan los protectores y la ropa, utilice recipientes de plástico suave provistos de una perforación con los que se recupera la leche, los cuales existen en el mercado. Sin embargo, no se aconseja usarlos de manera permanente, pues mantienen el pezón en una atmósfera húmeda que favorece el desarrollo de bacterias y grietas.

ALIVIE LOS PEZONES IRRITADOS

Los pezones pueden irritarse por varias razones: porque su bebé se alimenta por largo tiempo o con frecuencia, o bien porque sólo toma el pezón en lugar de la areola completa. Para aliviarlos, dé un pequeño masaje después de amamantarlo con un poco de leche o de calostro. Si ya presenta alguna grieta, dé masaje a sus pezones y areolas con un poco de vaselina. Existen protectores de silicona, con los que podrá seguir amamantando sin molestias, ya que su bebé no tomará directamente el pezón con su boca. Así, el amamantar no será doloroso y las grietas se curarán. En caso de tener alguna grieta importante, deje reposar el seno lastimado durante algunas horas vaciándolo de manera manual (*cf.* p. 16).

DÉ MASAJES A SUS SENOS

Para que sus senos permanezcan suaves y evite la aparición de estrías debido a su aumento de volumen, déles un masaje con aceite de almendras dulces con movimientos suaves y circulares **(1) (2)**. Aunque este producto no es peligroso para su bebé, limpie bien sus senos antes de alimentarlo.

SI SUS SENOS SE CONGESTIONAN

Alívielos retirando el exceso de leche. Coloque sobre sus senos una toalla impregnada de agua caliente por varios minutos con la finalidad de suavizarlos, después presiónelos suavemente para que salga la leche (*cf.* p. 16) ya sea en un recipiente esterilizado —si desea conservarla— o directamente en el lavabo. De este modo, los senos se suavizarán y su bebé podrá prenderse más fácilmente de la areola.

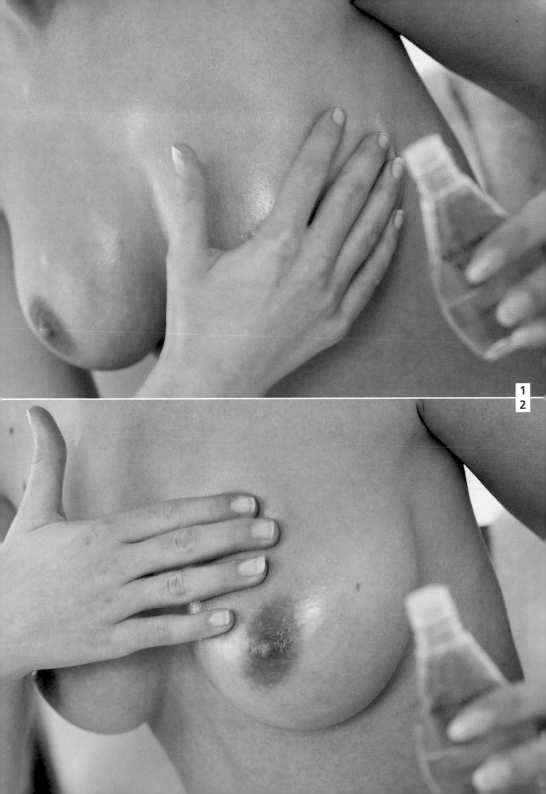

1
2

MANEJO DE LA LECHE

SI TIENE QUE AUSENTARSE A LA HORA DE ALIMENTAR AL BEBÉ, O SI DESEA QUE SU PAREJA LA RELEVE DURANTE LA NOCHE, EXTRAIGA LA LECHE MANUALMENTE O CON AYUDA DE UN TIRA LECHE.

PREPÁRESE
Debido a que las bacterias se desarrollan muy rápidamente en la leche, es importante que tanto sus manos como sus uñas estén perfectamente limpias. Esterilice el recipiente en el que guardará su leche, así como los biberones. Si usa un tira leche eléctrico que no puede esterilizarse (excepto el embudo), no olvide limpiarlo de manera escrupulosa. Si sus senos están duros o congestionados, coloque sobre ellos una toalla de baño impregnada de agua caliente. Limpie cuidadosamente sus areolas y pezones con una compresa esterilizada que no despida residuos, e imprégnela de suero fisiológico o de agua hervida. Seque cuidadosamente sus senos con otra compresa esterilizada.

DÉ MASAJE A SUS SENOS
Prepare sus senos para la extracción con un masaje suave, realizando movimientos circulares (cf."Dé masaje a sus senos", p. 14). Entre más los suavice, la leche saldrá más fácilmente. Prepare su pezón pellizcándolo suavemente para que se forme un saliente. Si quiere facilitar esta operación, hágalo mientras amamanta a su bebé.

RECUPERE SU LECHE MANUALMENTE
Coloque sus manos en forma de corona en la base del seno. Apoye los pulgares en la parte superior del seno, mientras los demás sostienen la parte inferior (cf. p.14). Presione varias veces, deslizando sus dedos hacia el frente del seno hasta que la leche salga (1).

Coloque cuidadosamente el recipiente bajo el pezón para que no se desperdicie ni una gota. Cuando haya "vaciado" el primer seno, es decir, cuando la leche ya no salga a pesar de la presión y cuando el seno esté suave, pase al otro seno y proceda de la misma manera. Vierta la leche en un biberón esterilizado.

SI USA UN TIRA LECHE
Relájese y siéntese confortablemente en un sillón. Tome el tira leche y coloque el embudo alrededor del pezón, sobre la areola (2). Accione el aparato presionando el pistón o la bomba: la leche comenzará a verterse dentro del recipiente. Si la operación le resulta dolorosa, interrúmpala, cambie la posición del tira leche o cámbiese de posición. Si su tira leche es eléctrico (3) y de operación manual, es decir, que regule la duración e intensidad de la succión, ajústelo y luego accione el interruptor: ya no tendrá nada más qué hacer... Puede interrumpir la operación unos instantes para cambiar el ajuste, en particular al final de la extracción, cuando la leche es más escasa: la cadencia frecuente del principio ya no es necesaria e incluso puede volverse dolorosa.

CONSERVE SU LECHE
La leche se conserva 24 horas en el frigorífico y varias semanas en el congelador, con la condición de guardarla inmediatamente después de haberla extraído. Limpie todo el material y esterilícelo si es necesario.

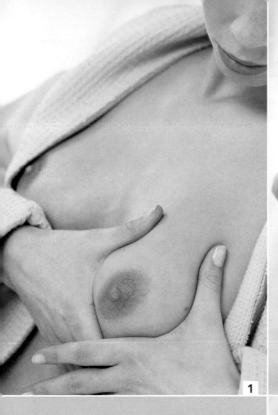

1

2
3

> ¿Qué cantidad de leche extraer?

Esto depende de la cantidad que usted desee almacenar. Si debe ausentarse de manera imprevista y desea conservar de uno a dos biberones anticipadamente, no tendrá que extraer su leche todos los días. Si regresa a su trabajo y desea almacenar leche para que su bebé siga tomándola, deberá extraerla todos los días, de dos a tres veces además de las sesiones de lactancia habituales. Tendrá que aumentar progresivamente las porciones extraídas con el fin de no alterar la producción y el ritmo de las lactaciones. La producción de leche se adaptará en dos o tres días y usted podrá extraer alrededor de 500 ml por día, además de sesiones de amamantamiento habituales.

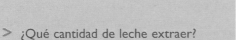

PREPARACIÓN DEL BIBERÓN

PREPARAR UN BIBERÓN ES MUY FÁCIL, BASTA CON CONOCER ALGUNOS SECRETOS PARA QUE TODO ESTÉ LISTO EN UNOS MINUTOS. ¡SU BEBÉ NO TENDRÁ QUE ESPERAR! ADEMÁS, USTED PODRÁ PREPARAR VARIOS BIBERONES CON ANTICIPACIÓN (PARA LA NOCHE O PARA EL PAPÁ), SIN OLVIDAR QUE, POR SUPUESTO, DEBERÁ CONSERVARLOS EN EL FRIGORÍFICO.

PREPARE EL MATERIAL

Antes de comenzar, lávese muy bien las manos y séquelas con un trapo que no deje residuos. Prepare el material: biberón, rosca, chupón, tapa, agua esterilizada (*cf.* página siguiente), lata de leche, cuchara medidora, y colóquelo sobre una superficie limpia.

LLENE EL BIBERÓN DE AGUA

Vierta en el biberón **(1)** la cantidad de agua necesaria —siguiendo las indicaciones del médico—, colóquelo frente a sus ojos para evitar errores de nivelación o bien, después de haber vertido el agua, verifique que la cantidad sea la correcta colocando el biberón a la altura de sus ojos. Recuerde que una leche demasiado o poco concentrada puede provocar problemas digestivos.

> Los alimentos lácteos infantiles

Se recomienda utilizarlos al menos durante los primeros 9 meses e incluso durante el primer año. La mayoría de las leches de primera etapa ("Preparaciones para lactantes", hasta 5 meses) y de segunda etapa ("leche de seguimiento", de los 5 a los 12 meses) se elaboran a partir de leche de vaca, pero hoy día su composición es muy similar a la de la leche materna. Estas leches aportan todos los elementos para el adecuado desarrollo de su bebé, con excepción, claro está, de los anticuerpos (defensas). Frente a tantas opciones, seguramente usted no sabrá cuál elegir. El personal de la maternidad o el pediatra le aconsejarán la mejor opción.

AGREGUE LA LECHE EN POLVO

Se agrega generalmente una cuchara medidora por cada 30 ml de agua. Llene la cuchara medidora dejando un pequeño montículo. Pase la parte plana de un cuchillo limpio por encima de dicho montículo para devolver el excedente a la lata de leche **(2)**. Evite compactar el contenido de la cuchara medidora; una mala dilución o una concentración excesiva de leche en polvo altera la calidad del biberón, lo que puede ocasionar, como ya se dijo, alteraciones digestivas. Vierta el contenido de cada cucharilla medidora en el agua **(3)**. Para evitar que la leche se caiga del biberón, agítelo con movimientos firmes y decididos. Coloque de nuevo la cuchara medidora dentro de la lata de leche y ciérrela herméticamente.

CIERRE Y MEZCLE EL BIBERÓN

Coloque la tetina en la rosca, enrosque ambos en el biberón y ciérrelo con la tapa **(4)**. Para mezclar bien, gire el biberón entre sus manos, lo cual evita que el polvo mal disuelto obstruya la tetina. También puede cerrar el biberón con el disco sellador y la rosca, y agitar luego el biberón de arriba abajo.

> ¿Qué agua elegir?

Elija agua baja en minerales o agua de manantial. En ocasiones la etiqueta de la botella indica que "puede usarse para la alimentación de lactantes". Si no cuenta con agua mineral, ponga a hervir agua del grifo durante 25 minutos. Jamás utilice agua de un grifo conectado a un ablandador de agua o a un filtro que propague bacterias.

1

2

3

4

CALIENTE EL BIBERÓN

Coloque el biberón en un dispositivo especial para ello y ajuste la temperatura para que no rebase los 38 °C **(1)**. Si su bebé se impacienta, tómelo en sus brazos, paséelo, distráigalo. Caliente la leche hasta que se apague la luz indicadora. Deje encendido el calienta-biberones en caso de que tuviera que volver a calentar la leche. ¡A veces, su bebé necesitará hacer una pausa! Sin embargo, no olvide que un biberón caliente no se conserva más de media hora.

VERIFIQUE LA TEMPERATURA

Para evitar accidentes o quemaduras de la lengua o del esófago, verifique SIEMPRE la temperatura de la leche vertiendo unas cuantas gotas en la parte interna del puño, donde la piel es fina y sensible **(3)**. Para que la leche no se derrame, mezcle de nueva cuenta el contenido del biberón girándolo entre sus manos **(2)**. En caso contrario, no oprima la tetina con los dedos, más bien mezcle de nuevo el contenido del biberón o agítelo suavemente. Si la leche está demasiado caliente, pase el biberón por el agua del grifo durante unos minutos y vuelva a verificar la temperatura.

LAVE EL BIBERÓN

Después de darle el biberón al bebé y ayudarlo a eructar (*cf.* pp. 22 a 24), proceda a lavar el biberón y sus accesorios con agua caliente y jabonosa, con ayuda de pequeños cepillos y escobillones previstos para alcanzar todos los rincones. Enjuague abundantemente. Seque todo cuidadosamente con un trapo seco o con una servilleta de papel y colóquelo en un lugar fresco y seco, o inmediatamente en el esterilizador. Evite a toda costa guardar los restos de un biberón entre una comida y otra (un biberón sin terminar puede beberse a lo sumo media hora después, no más).

> ### Calentar el biberón en el microondas

La mayoría de los biberones pueden calentarse en el microondas (sin embargo, verifique el instructivo). Caliente un momento el biberón abierto, lleno de leche y sin accesorios, con una temperatura media para evitar que la leche se caliente demasiado. Después de retirarlo del horno, coloque la rosca y la tetina y mezcle de nuevo la leche. También puede calentar el agua en primer lugar y luego agregar la leche en polvo, lo cual permite con frecuencia que el polvo se disuelva más fácilmente. Verifique siempre la temperatura de la leche antes de dar el biberón a su bebé (puede haber una gran diferencia entre la temperatura del recipiente y la del contenido).

> ### El biberón a temperatura ambiente

Algunos bebés aceptan la leche a temperatura ambiente, lo cual resulta útil si usted se encuentra fuera de casa o si su bebé tiene demasiada hambre para esperar. Sin embargo, no olvide que es más indigesta que la leche caliente...

1

2
3

> Descongelar la leche extraída del seno

No se recomienda usar el horno de microondas para descongelar su propia leche. El recipiente puede estar frío y la leche demasiado caliente, lo que provocaría que su bebé se quemara al beber. Lo ideal es descongelar su leche al baño María en una cacerola. La temperatura de la leche jamás deberá rebasar 37 °C: una temperatura más elevada mataría los anticuerpos que existen en su leche, y el líquido estaría demasiado caliente para el esófago de su bebé. La temperatura no debe ser inferior a 32 °C para que todos los componentes de la leche puedan mezclarse homogéneamente.

DAR EL BIBERÓN

DAR EL BIBERÓN DE MANERA CONFORTABLE DEPENDE TANTO DE SU POSTURA COMO DE LA DE SU BEBÉ. ANTES DE EMPEZAR, VIGILE QUE AMBOS ESTÉN BIEN INSTALADOS. DESPUÉS, TÓMESE SU TIEMPO Y APRECIE ESTE MOMENTO MARAVILLOSO.

INSTÁLESE CÓMODAMENTE

Tome al bebé en sus brazos y coloque un babero alrededor de su cuello. Instálese confortablemente en un sillón. Sostenga la cabeza de su bebé en el hueco de su brazo, que deberá estar bien apoyado. Elija un sillón con braceras o coloque un cojín o una almohada debajo del brazo, sobre el que descansará la cabeza de su bebé. El pequeño no deberá estar completamente recostado en sus brazos, enderécelo ligeramente para que su cabeza quede más alta que sus pies.

ROCE SUS LABIOS CON LA TETINA

Tome el biberón y agítelo suavemente con una mano, de derecha a izquierda para que la leche no se derrame. Verifique de nuevo la temperatura del biberón poniendo unas gotas de leche en la parte interna del puño. Acerque suavemente la tetina a la boca de su bebé **(1)**. Roce sus labios con la tetina. En general, el bebé no espera para abrir la boca, incluso a veces empieza a mamar antes de que la tetina llegue a la boca... **(2)**.

ENCUENTRE EL RITMO EXACTO...

Ajuste el flujo de la tetina en función del apetito del bebé (los indicadores de flujo, generalmente numerados de 1 a 3 o de I a III, se localizan en la base de la tetina). Si tiene hambre, "el ritmo alto" sería conveniente, pero observe que la leche no fluya demasiado rápido, pues el bebé podría atragantarse. Al final de la toma de leche, su bebé quizás prefiera un flujo más lento.

...Y LA INCLINACIÓN EXACTA

Durante el momento de amamantar, probablemente observe que su bebé ingiere la leche con cierta dificultad **(3)**. Quizás tenga que enderezarlo para que se sienta más cómodo o, al contrario, recostarlo aún más si quiere sentirse mejor, acurrucado junto a usted. A los niños con problemas digestivos generalmente les gustan esos cambios de posición. Por otra parte, cerciórese de que inclina lo suficiente el biberón y que su bebé no se traga el aire que queda en el fondo (la leche empieza a hacer burbujas y la tetina se aplasta), lo que podría provocar problemas digestivos.

HAGA UNA BREVE PAUSA

Es posible que su bebé llore mientras lo amamanta, que se inquiete o que rechace el biberón; manténgalo bien erguido y junto a usted, con la cabeza sobre su hombro (donde previamente habrá colocado un lienzo o un babero), con la finalidad de que eructe; incluso puede tener una pequeña regurgitación por haber comido demasiado rápido o haber tragado aire. Una vez que se tranquilice, ofrézcale de nuevo su biberón.

EL BEBÉ TERMINÓ SU BIBERÓN

Con los ojos entrecerrados, concentrado en el placer de estar cerca de usted, el bebé termina de beber su leche, pero sigue... ¡succionando del biberón vacío! Para que no se llene el estómago de aire, retire delicadamente la tetina deslizando el dedo meñique hasta la comisura de sus labios. Entonces, soltará la tetina **(4)**. Su bebé se recostará en su brazo. Aproveche el momento para acariciarlo...

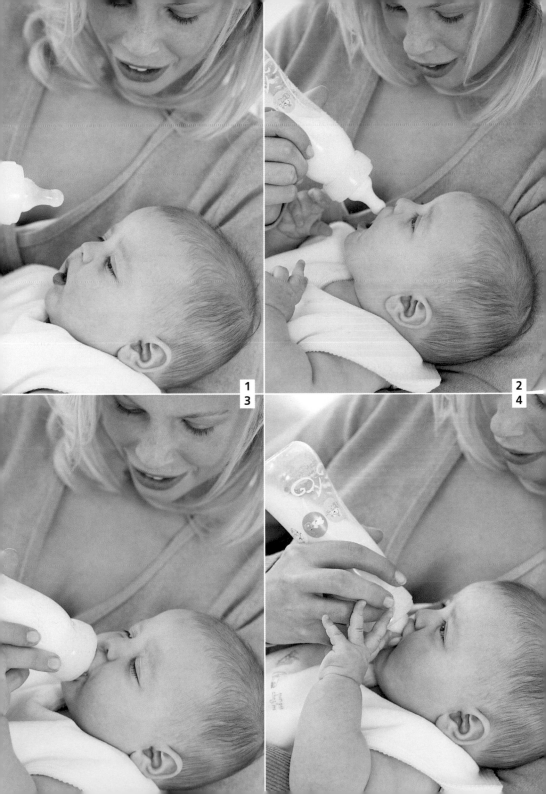

AYUDAR AL BEBÉ A ERUCTAR

EL ERUCTO ES UN REFLEJO DIGESTIVO DEL BEBÉ CUANDO EXPULSA EL AIRE, EL CUAL A VECES SE ACOMPAÑA DE UNA LIGERA REGURGITACIÓN DE LECHE. POR LO GENERAL, ESTE AIRE SE TRAGA JUNTO CON LA LECHE DURANTE LA TOMA; DISMINUYE CUANDO SE ALIMENTA DEL SENO MATERNO Y AUMENTA CUANDO LO HACE CON BIBERÓN.

SENTADA...

Después del abandono que experimenta el bebé al terminar de lactar necesita despertarse un poco... ¡aunque sólo sea para cambiarlo! Siéntelo sobre sus rodillas, montado sobre su muslo o con las dos piernas del bebé hacia afuera. Con la mano abierta y firme sostenga su pecho y, con la otra, dé golpecitos y friccione su espalda para ayudarlo a eructar **(1)**.

...O APOYADO EN SU HOMBRO

La posición más clásica, también porque es la más eficaz, consiste en mantener a su bebé incorporado y recargado sobre su pecho, con la cabeza reposando suavemente sobre su hombro, y en el que previamente habrá puesto un babero o un lienzo que usted elija **(2)**. El eructo no se hará esperar...

DÉ UN PEQUEÑO PASEO...

Si no logra eructar, coloque a su bebé en sus brazos, incorporado y apoyado en su hombro, y camine por la habitación. El movimiento y el balanceo provocarán el eructo, el cual se dejará oír rápidamente.

...O RECUESTE A SU BEBÉ

¿Aun así, no lo logra? Recueste a su bebé atravesado sobre sus piernas, apoyando su pecho en sus dos muslos. Déle un masaje en la espalda, mientras que con la otra acaricia su cabeza **(3)**.

> ¿Es necesario insistir en que el bebé termine su biberón?

El apetito de su bebé varía de un día para otro, pero no se preocupe: él conoce las necesidades de su cuerpo. Por ello, jamás hay que forzarlo a que termine su biberón. Cuando suelte la tetina, incorpórelo para que arroje el aire del estómago, luego, vuelva a ofrecerle el biberón. Si lo rechaza, no insista. Sin embargo, si su bebé no aumenta de peso o lo pierde, será conveniente consultar al médico para determinar la causa de esta alteración.

> Las regurgitaciones

No es raro que los bebés regurgiten un poco de la leche cuando toman el biberón. No se preocupe, se trata de un excedente que ellos expulsan. Sin embargo, si las regurgitaciones son abundantes, sistemáticas, y si se producen varias veces después de cada comida —a veces más de una hora después—, hable de esto con su médico, quien le prescribirá el tratamiento adecuado.

1

2

3

ESTERILIZACIÓN DE LOS BIBERONES

Los pediatras aconsejan esterilizar los biberones y todos sus accesorios hasta que el bebé cumpla los seis meses. La leche tibia es ideal para que las bacterias se desarrollen en ella. Ésta es más que una buena razón para eliminar rápidamente los residuos del biberón y lavarlos con sumo cuidado.

UNA HIGIENE IRREPROCHABLE

Para que la esterilización sea exitosa, primero lávese cuidadosamente las manos, a fin de evitar que los biberones y sus accesorios se contaminen con gérmenes. Cepille bien sus uñas y enjuague sus manos con una tela limpia o con papel absorbente; por ejemplo, las toallas desechables de cocina.

LAVE LOS BIBERONES PREVIAMENTE ENJUAGADOS

Cada vez que su bebé termine un biberón, enjuáguelo una primera vez rápidamente. Después, lávelo con más cuidado junto con sus accesorios, usando agua enjabonada para trastos y escobillones especiales, antes de esterilizarlos (1). Para una esterilización correcta no debe quedar el mínimo residuo de leche en la tetina, la rosca o el biberón mismo. Verifique bien los recovecos de la rosca. No olvide desinfectar regularmente los escobillones; de otro modo, pueden volverse nidos infestados de bacterias.

ENJUAGUE LOS BIBERONES CON AGUA LIMPIA

Cuando los biberones estén perfectamente limpios, enjuáguelos con mucha agua, al igual que las tetinas, roscas y tapas protectoras para eliminar cualquier resto de jabón. Coloque todo sobre un trapo limpio o sobre papel absorbente. Escúrralos bien.

ESTERILIZACIÓN CON CALOR

La mayoría de los esterilizadores con calor son aparatos eléctricos —algunas veces se trata de modelos que pueden calentarse a fuego directo— que utilizan vapor como medio de esterilización.

COLOQUE LOS BIBERONES...

Coloque los biberones cuidadosamente lavados, enjuagados y escurridos en el esterilizador, siguiendo las instrucciones del fabricante (2). Por lo general, se ponen al revés sobre la bandeja de esterilización.

...LUEGO, LOS ACCESORIOS

Después, coloque en el compartimiento correspondiente todos los accesorios: roscas, tetinas, tapas... estos últimos también perfectamente lavados y enjuagados. Evite apilar las tetinas o las tapas, ya que todas las partes de cada accesorio deben estar libres para una esterilización correcta (3).

VIERTA EL AGUA

Vierta posteriormente el agua en el esterilizador (4). La cantidad de agua depende de cada modelo. Para esta operación, puede usar la del grifo. La esterilización matará cualquier germen.

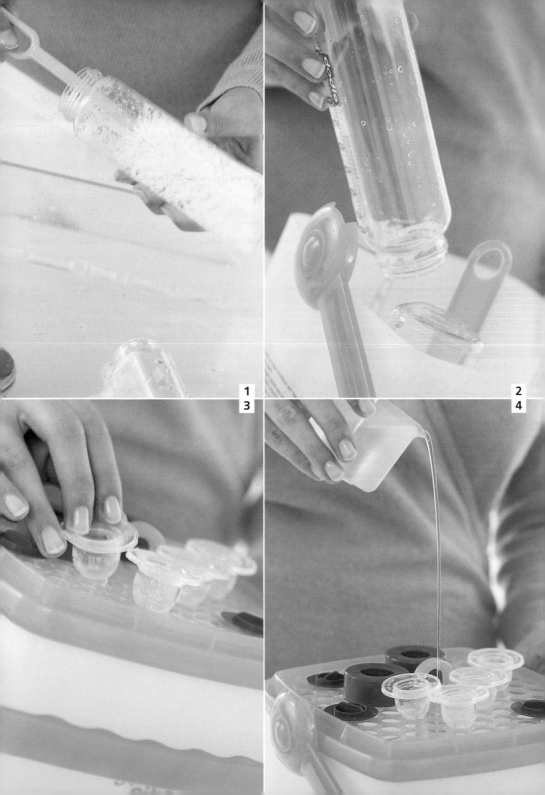

1

2

3

4

ENCIENDA EL ESTERILIZADOR

La duración de la esterilización oscila entre 10 a 30 minutos. Si sólo hierve sus biberones y accesorios en una cacerola, cuente 20 minutos de ebullición.

Una vez transcurrido el tiempo de esterilización, abra el esterilizador. Tenga cuidado de no quemarse al manipularlo y espere a que los biberones se enfríen antes de sacarlos. Los biberones esterilizados pueden utilizarse durante las siguientes 24 horas.

LA ESTERILIZACIÓN EN FRÍO

Con la ayuda de un biberón o, más práctico, de una botella de plástico vacía, vierta agua fría en el depósito del esterilizador siguiendo las instrucciones del fabricante.

AGREGUE LA PASTILLA ESTERILIZADORA

Agregue en el agua la pastilla o el líquido esterilizador, respetando la dosis indicada en el empaque. Si agrega dosis menores, los biberones no se esterilizarán correctamente. Es inútil agregar dosis mayores del producto: respetar las dosis prescritas basta para lograr una esterilización satisfactoria.

SUMERJA LOS BIBERONES

Coloque los biberones lavados, enjuagados y escurridos en el recipiente. Sus manos deben estar perfectamente limpias. Cerciórese de que los biberones queden completamente sumergidos y sin burbujas de aire en su interior. En caso de haberlas, ladee los biberones **(1)**.

COLOQUE LOS ACCESORIOS

Sumerja completamente las roscas, tetinas y tapas en el compartimiento que corresponda **(2)**, para una correcta esterilización. Deje transcurrir el tiempo indicado por el fabricante. Los biberones esterilizados de este modo permanecerán asépticos durante 24 horas.

ENJUAGUE LOS BIBERONES CON AGUA HERVIDA

Cuando necesite un biberón, retírelo del recipiente con una pinza. Enjuáguelo cuidadosamente con agua hervida y fría, o con agua de manantial.

> La esterilización en el microondas

Algunos esterilizadores pueden usarse en el horno de microondas. Los biberones y sus accesorios lavados, enjuagados y escurridos deben colocarse en el (los) recipiente(s) correspondiente(s), luego, el horno deberá accionarse con la potencia y durante el tiempo indicado por el fabricante. Cuando el horno se detenga, espere 5 minutos antes de sacar el aparato para evitar quemarse. Voltee de nuevo las tetinas sobre los biberones, coloque la rosca y ciérrelo todo con la tapa.

Lávese las manos meticulosamente y guarde los biberones en el frigorífico —el cual deberá mantener perfectamente limpio—, donde podrán conservarse durante 24 horas antes de usarlos.

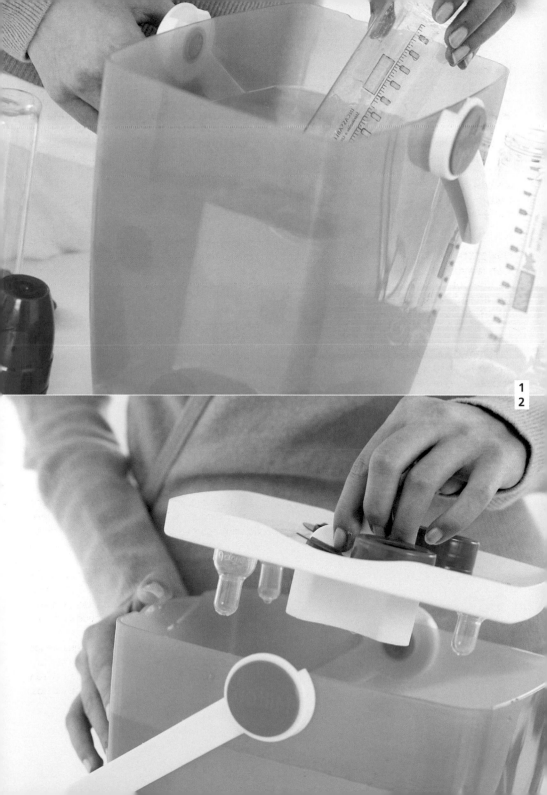

ALIMENTAR AL BEBÉ CON CUCHARA

U<small>N SOLO CAMBIO A LA VEZ...</small> ¡É<small>STA ES LA REGLA BÁSICA EN LA EVOLUCIÓN DE SU HIJO</small>! A<small>SÍ</small> <small>PUES, INICIE EL USO DE LA CUCHARA EN EL MOMENTO EN QUE SU BEBÉ HAYA ASIMILADO LA</small> <small>ÚLTIMA NOVEDAD; EN GENERAL, SE ACONSEJA HACERLO ALREDEDOR DE LOS</small> 5 <small>MESES</small>.

FAMILIARÍCELO CON LA CUCHARA

Seguramente su bebé la ha visto con frecuencia con una pequeña cuchara en la mano, cuando usted come yogur o postres, mezcla su café o cocina. Él ya conoce este objeto. Incorpore la cuchara ofreciéndole una de tamaño adecuado (cuchara para café, por ejemplo). Se acostumbrará a usarla intentando alimentarse solo, mientras usted tomará alimento de su plato para darle de comer de manera más eficaz. Se volverá más hábil rápidamente.

ELIJA EL LUGAR

Quizás el mejor lugar para una comida con cuchara sea la cocina: si él mismo manipula la cuchara, seguramente ensuciará el piso (¡el mosaico siempre es más fácil de limpiar que un tapete o una alfombra!). Si la habitación en que se encuentra no tiene mosaico, proteja el suelo con algún lienzo. Antes de los 7 meses, edad a partir de la cual su bebé puede mantenerse sentado un momento sin cansarse demasiado, puede colocarlo en su asiento **(1) (2)**.

PIENSE EN LOS ACCESORIOS

Utilice un babero de plástico con un receptáculo en el extremo inferior, el cual recibirá los alimentos "en caída libre" (sin embargo, tenga cuidado de proteger el cuello de su bebé de cualquier irritación). Después de terminar su plato, no es de extrañar que un bebé recoja todo lo que cayó en dicho receptáculo... En lo que a usted respecta, puede comprarse una bata, un delantal o sacrificar una vieja camisa para proteger su ropa.

SI SU BEBÉ RECHAZA LA CUCHARA

El bebé puede asustarse con el nuevo objeto o, por el contrario, gracias a la comodidad del momento de la alimentación con biberón o al seno, puede costarle trabajo cambiar sus hábitos. En tal caso, espere unos días, incluso algunas semanas, hasta que esté listo. También es probable que, acostumbrado a tomar su leche de un solo trago, se desestabilice por el hecho de que con la cuchara se come en pequeñas cantidades, con pausas cortas, y es probable que se impaciente. Ofrézcale el postre con cuchara después de la leche en biberón o del seno. Si está satisfecho será más paciente.

> ¿Plástico o metal?

Menos fría, menos pesada y con más colores que la cuchara metálica, la cuchara de plástico le gusta a los bebés; sin embargo, se deteriora más rápidamente que la metálica, lo cual permite que el niño llegue al estatus de "grande" (él usa el mismo utensilio que el resto de la familia). Usted decide cuál de las dos usar, o si las alterna, según sea el caso. También existen cucharas de mango anatómico que, por su forma, son especiales para las manos pequeñas.

1
2

un día con su bebé

EL BAÑO

PARA EL BAÑO, ELIJA UN MOMENTO EN EL QUE ESTÉ TRANQUILA Y DISPONIBLE. LA MAYORÍA DE LOS NIÑOS SE TRANQUILIZAN CON EL BAÑO, EL CUAL LES AYUDA A DORMIR. A LOS BEBÉS MUY PEQUEÑOS LES GUSTARÁ BAÑARSE POR LA MAÑANA, ANTES DE HACER SU PRIMERA SIESTA. UN POCO MÁS MAYORCITOS, PODRÁN ESPERAR HASTA LA NOCHE.

LÁVESE LAS MANOS

Para ocuparse de un bebé, es necesaria una rigurosa higiene. Enjabónese las manos con jabón neutro, luego enjuáguelas y séquelas cuidadosamente con una toalla limpia. Revise que sus uñas no estén demasiado largas y que estén limpias. Cuide la temperatura de la habitación, la cual debe ser de entre 22 °C y 24 °C. Si usted desea tomar un baño con su bebé, previamente deberá ducharse o asearse meticulosamente.

PREPARE SUS ACCESORIOS

Coloque al alcance de la mano todo lo que necesite: toalla o bata de baño sobre la mesa de cambio o, aún mejor, sobre el radiador caliente, jabón, guante de baño, champú, juguetes, pañal, crema hidratante... y toda la ropa del bebé. Introduzca un termómetro de baño en la bañera.

LLENE LA BAÑERA

Ya se trate de una bañera para bebé o de la bañera de la familia, no la llene con demasiada agua si no se siente segura. Si se trata de una bañera pequeña, colóquela al fondo de la bañera grande para evitar los derrames. Póngase una bata para proteger su ropa. Verifique la temperatura del agua, la cual deberá ser de entre 36 °C y 37 °C **(1)**. Si no cuenta con termómetro, verifique la temperatura introduciendo su codo en el agua.

DESVISTA A SU BEBÉ

Desvista a su bebé al mismo tiempo que lo distrae para que no se impaciente. Comience por quitar la ropa de la parte inferior, luego, el pañal. Proceda a un primer aseo de las nalgas y de los órganos genitales para retirar el excremento que hubiera podido adherirse a ellas (cf. p. 50). Enjuague y seque. Retire la ropa de la parte superior separando bien el cierre del body o de la camisita **(2) (3)**. Coloque la ropa en el cesto de la ropa sucia o dóblela y déjela cerca para tenerla al alcance de la mano después del baño.

> ¿Qué tipo de jabón emplear?

Un jabón neutro o una barra de jabón emoliente son adecuados para la delicada piel de los pequeños. Para el cabello, compre un champú suave para bebés, hipoalergénico, que no irrite los ojos. Si ya no tiene, use el jabón (neutro u otro similar, el que elija para usted). Algunos productos "2 en 1" pueden utilizarse tanto para el cuerpo como para el cabello. Vigile siempre que se adapten a la piel de su bebé.

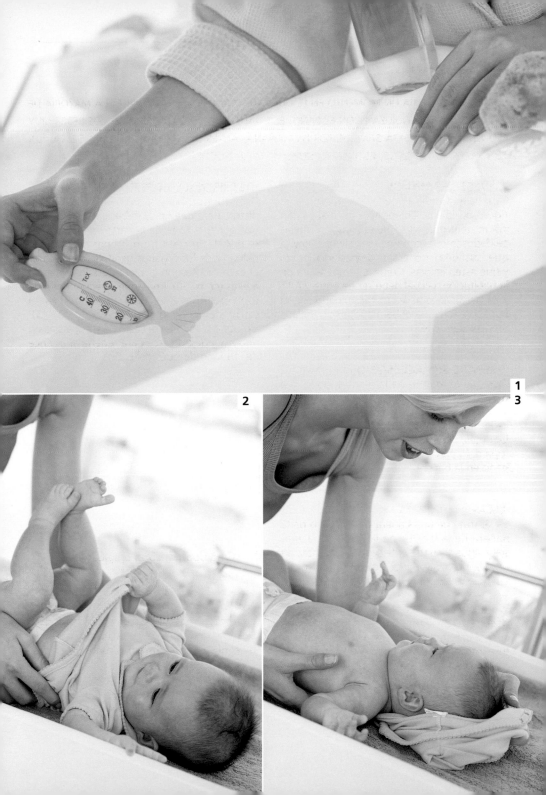

1

2

3

ENJABONE LA PARTE SUPERIOR DE SU BEBÉ...

Antes de bañar a su bebé, debe enjabonar todos los pliegues de su cuerpo. Use un guante de baño que posteriormente pondrá en el cesto de la ropa sucia, o bien proceda directamente con las manos **(1)**. Empiece por el vientre, el pecho, el cuello, los brazos, las axilas, y luego pase a las manos. Siente a su bebé y continúe por la espalda, la parte posterior del cuello y la nuca, sin olvidar enjabonar detrás de las orejas. Enjuáguelo ligeramente para que no resbale. Esto evitará ensuciar el agua.

...Y ABAJO

Enjuague el guante de baño y enjabónelo ligeramente. En el otro caso, enjabónese las manos. Proceda a lavar los muslos, los pliegues de la ingle, de las rodillas, de las pantorrillas, y termine por los pies. Con ayuda del guante de baño o de una toallita, proceda a limpiar los órganos genitales: es inútil querer manipular demasiado al pequeño, basta con limpiar su pene y sus testículos de todo residuo de orina y excremento. Pase a las nalgas y al ano con una toallita limpia. Enjuague el guante tantas veces como sea necesario.

SUMERJA A SU BEBÉ EN EL AGUA...

Elimine de manera general los restos de jabón para que su bebé no resbale y para evitar que pueda caer. Verifique de nueva cuenta la temperatura del agua, luego, sumerja a su bebé en el agua, en primer lugar el trasero, sosteniéndolo con una mano bajo las nalgas, y con la otra, deteniendo la cabeza y la nuca **(2)**. Sonríale y háblele suavemente para que disfrute plenamente el momento. Realice estas maniobras lentamente, a los bebés no les gustan los movimientos bruscos.

...Y ENJUÁGUELO

Enjuague las partes que no estén sumergidas con aquella mano con la que lo sostenía por las nalgas, y con la otra mantenga firmemente (pero con delicadeza) la nuca y la cabeza o los hombros **(3)**. Si se siente cómoda, voltee al bebé como si fuera a gatear, sosteniéndolo con una mano por debajo del pecho, luego, enjuague su espalda con la otra mano. También puede sentarlo sosteniéndolo con una mano por debajo de la axila, para rociarlo con agua con la mano libre. Cerciórese de que todas las partes del cuerpo y los pliegues estén perfectamente libres de jabón.

> **> Accesorios para bañarlo de manera segura**

Según la edad de su hijo, existen diversos accesorios para facilitarle la tarea durante el baño:
• **El asiento de baño.** Si siente temor de que el bebé se caiga, consiga un asiento de baño ergonómico. Algunos son ajustables (esto es, adaptados al crecimiento del bebé), otros están recubiertos de esponja para evitar que los bebés resbalen. De este modo, usted podrá usar ambas manos para bañar y enjuagar a su bebé.
• **Dispositivo para cubrir el grifo.** El grifo de la bañera permanece muy caliente, incluso cuando ya no fluye el agua. Vigile que su bebé no toque este objeto brillante y demasiado atractivo cubriéndolo con un objeto fijo hinchable (de venta en los almacenes especializados) o, a falta de éste, con un guante de baño impregnado de agua fría o con una toalla.

1

2

3

Y AHORA, EL CABELLO

Moje el cabello de su bebé vertiendo agua con la mano o con un guante de baño. Vierta unas gotas de champú para bebé sobre su cabeza. Frote hasta que produzca espuma y luego enjuague abundantemente con la mano o con el guante de baño, sosteniendo al bebé por la nuca **(1)**. No tema frotar la fontanela, aun si la piel es muy delgada en este lugar, pues la cubre una membrana más gruesa. Continúe hasta que ya no quede ningún resto de champú **(2)**.

DÉJELO DISFRUTAR DEL AGUA

Ahora que su bebé está limpio, déjelo jugar a su gusto en la bañera. El bebé puede agitar sus brazos y sus piernas (¡cuidado con las salpicaduras!) o bien ponerse a flotar tranquilamente en el agua, detenido por la mano de usted bajo su nuca o axilas. En esta posición, algunos bebés intentan beber agua de la bañera, reflejo procedente de su periodo intrauterino durante el cual bebían el líquido amniótico. No se recomienda permitírselo ya que el agua de la bañera está sucia de jabón, de champú, de transpiración...

SÁQUELO DEL AGUA

Una vez que el bebé se ha relajado (sus movimientos de brazos y piernas contribuyen a desarrollar su musculatura), sáquelo del mismo modo que lo introdujo en el agua, es decir, deteniéndolo por debajo de la cabeza y la nuca con una mano, y bajo las nalgas con la otra. Jamás vacíe el agua de la bañera mientras aún esté dentro, eso podría asustarlo.

SÉQUELO

Colóquelo sobre la toalla de baño o sobre su bata de baño extendida sobre la colchoneta de la mesa de cambio. Envuélvalo en aquella. Fricciónelo apoyándolo contra usted **(3)**. Vuelva a colocarlo sobre la mesa de cambio y luego séquele delicadamente el cabello, el torso, los brazos y los hombros, las manos, las piernas y los pies. No olvide todos los lugares pequeños en los que pueda haber restos de humedad: pliegues de las ingles, del cuello, axilas, espacios entre los dedos de los pies y de las manos. Aplique crema si es necesario y proceda a la limpieza del rostro.

...Y VÍSTALO RÁPIDO

Para evitar que el bebé se resfríe, vístalo rápidamente en cuanto esté bien seco. Retire la bata mojada y empiece por la camisita de algodón (elija de preferencia un modelo que no se coloque por la cabeza, para no molestar a su bebé); luego, la camisita de lana (dependiendo de la estación). El suéter o la camiseta, el pañal y, por último, las mallas. Para la noche, reemplace el suéter y las mallas por un mameluco o por un pijama. Péinelo y ¡ya está! ¡Un bebé limpio y bello!

> ¿A qué edad se debe bañar al bebé en la bañera grande?

Debe esperar a que se mantenga sentado, después de los 6 o 7 meses. Coloque un tapete o calcomanías anticaídas en el fondo de la bañera, puesto que es propicia para peligrosos resbalones. Si el bebé tiene miedo en este gran espacio, intente tranquilizarlo y déle valor diciéndole que ahora toma su baño como los adultos. Si sigue llorando, vuelva a usar momentáneamente la bañera pequeña, hasta que esté dispuesto a tomar el baño formal.

1

2
3

EL ASEO GENERAL

A ALGUNOS NIÑOS, DEFINITIVAMENTE NO LES GUSTA EL BAÑO (O NI SIQUIERA QUE LOS DESVISTAN) Y LO MANIFIESTAN CON VEHEMENCIA. PARA EVITARLES ESTA "PRUEBA" DIARIA, PUEDE ALTERNAR LOS BAÑOS CON EL ASEO GENERAL. SI USTED NO ESTÁ EN CASA O SI TIENE PRISA, ÉSTA PUEDE SER UNA BUENA SOLUCIÓN.

PREPARE LO NECESARIO

Antes de comenzar a asearlo, ponga al alcance de la mano el material que necesitará: guante de baño, jabón, toalla de baño limpia. Vigile que la pieza tenga la temperatura adecuada (22 °C). Llene el lavabo o un recipiente lo suficientemente grande de agua tibia. Tome a su bebé sobre sus piernas o colóquelo sobre la mesa de cambio —donde previamente ha puesto la toalla de baño— y desvístalo.

LÁVELE EL PECHO

Empiece por lavarle el pecho con el guante de baño ligeramente enjabonado. No olvide las axilas, los pliegues del cuello y detrás de las orejas, puesto que allí pueden alojarse pequeñas pelusas o impurezas (1). Continúe con los brazos y con las manos. Enjuague cuidadosamente el guante y luego a su bebé.

...Y LUEGO, LA ESPALDA

Coloque su antebrazo sobre el pecho de su bebé e inclínelo ligeramente hacia delante (2). Lávele y luego enjuáguele la espalda de la misma forma que lo hizo con el pecho, vigilando que esté bien sostenido para que no se le resbale.

SÉQUELE EL PECHO Y LA ESPALDA

Seque cuidadosamente su pecho y su espalda con ayuda de una toalla muy suave. Envuélvalo en ella y cuando termine fricciónelo suavemente apoyándolo sobre usted. Manténgalo firmemente para que no se caiga.

LÁVELE LAS PIERNAS Y LOS PIES

Si teme que su bebé tenga frío, conserve su tórax bien envuelto en la toalla. Enjuague el guante de baño. Enjabónelo ligeramente. Proceda a limpiar sus piernas empezando por los muslos y descienda hacia las rodillas (3). Insista en los pequeños pliegues. Termine con los pies, pase delicadamente el guante entre sus dedos. Seque cuidadosamente al bebé con la toalla de baño.

TERMINE POR LAS NALGUITAS

Respecto de la limpieza de las nalgas y el cambio de pañal, indispensables para completar este aseo general, consulte la página 50.

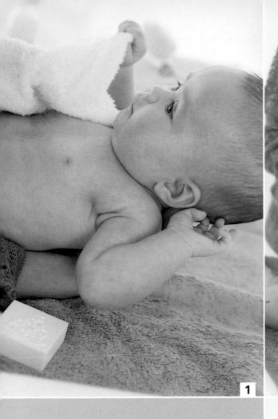

1

2
3

> Si no le gusta el agua

Aunque el bebé pasa 9 meses en un medio líquido, puede ocurrir que en las semanas o meses posteriores al nacimiento llegue a odiar el agua y se ponga a llorar en cuanto usted lo acerque a ella. Esto puede deberse a una mala experiencia (baño demasiado caliente o frío, jabón en los ojos, un baño poco delicado). En tal caso, no sirve de nada forzar al bebé: hay que acostumbrarlo poco a poco, comenzando por un aseo general, hasta que se reconcilie con el agua; luego pase al baño completo, con una cantidad mínima de agua, con cuidados firmes y seguros.

EL ASEO DE LA CARA

EL ASEO DE LA CARA SE REALIZA DIARIAMENTE DESPUÉS DEL BAÑO O EL ASEO DEL CUERPO, EN CASO DE QUE USTED HAYA DECIDIDO NO BAÑAR A SU BEBÉ. VÍSTALO SI TEME QUE SE RESFRÍE Y PÓNGALE UN PAÑAL.

LÍMPIELE LAS MEJILLAS, LA FRENTE Y EL MENTÓN

Lávese las manos cuidadosamente. Con ayuda de un algodón desmaquillante (o de una compresa de algodón) impregnado de agua tibia, lávele la cara a su bebé empezando por la parte "menos sucia", es decir, las mejillas, la frente y las alas de la nariz (**1**). Continúe por el mentón y prosiga por el contorno de la boca, sin frotarlo. No olvide los pliegues del cuello. Deseche el algodón.

ENJUÁGUELO DELICADAMENTE

Tome una segunda compresa, enjuague la cara para eliminar todo resto de humedad, y no olvide que no hay que frotar. Esta acción permitirá que la piel de su bebé no se reseque.

PARA UNA MIRADA DE TERCIOPELO...

Impregne una compresa de suero fisiológico. Pase esta compresa desde el extremo interno hasta el extremo externo del ojo para eliminar las impurezas. Proceda de la misma manera con el otro lado, usando una nueva compresa (**2**).

> Limpiar los dientes de su bebé

En cuanto hayan brotado lo suficiente, puede pasar delicadamente un guante de baño en sus pequeños dientes para eliminar la placa dental.

...Y UNA NARIZ MUY LIMPIA

Si la nariz de su bebé está sucia, limpie cada una de las fosas nasales con un hisopo de algodón o con un algodón para desmaquillar doblado en cuatro, impregnado de suero fisiológico. En este caso, utilice la punta del doblez. Evite introducir el algodón en la nariz, sólo hay que limpiar el contorno (**3**).

LÁVELE LAS OREJAS

Con ayuda de un hisopo de algodón o un algodón para desmaquillar enrollado para formar un hisopo, limpie la entrada del conducto auditivo cuidando de no introducir el algodón, ya que podría empujar el cerumen hacia el interior. Deseche el algodón. También puede utilizar un hisopo de algodón especial para bebés (de venta en almacenes) (**4**). Tome posteriormente un algodón para desmaquillar e imprégnelo de agua tibia. Dóblelo en cuatro para formar una punta y páselo por todos los pliegues del pabellón de la oreja para retirar la piel muerta y las impurezas. No olvide el pliegue situado detrás del pabellón. Deseche el algodón.

Y TERMINE PEINÁNDOLO

Utilice un cepillo de cerdas suaves. Peine a su bebé de manera que su suave cabello quede dócil (o su espesa cabellera) sin presionar demasiado para no lastimarlo. Si el cabello es suave y dócil, puede usar un peine. Esta sesión de peinado también permitirá eliminar las costras de leche que pueda tener el bebé (*cf.* p. 46).

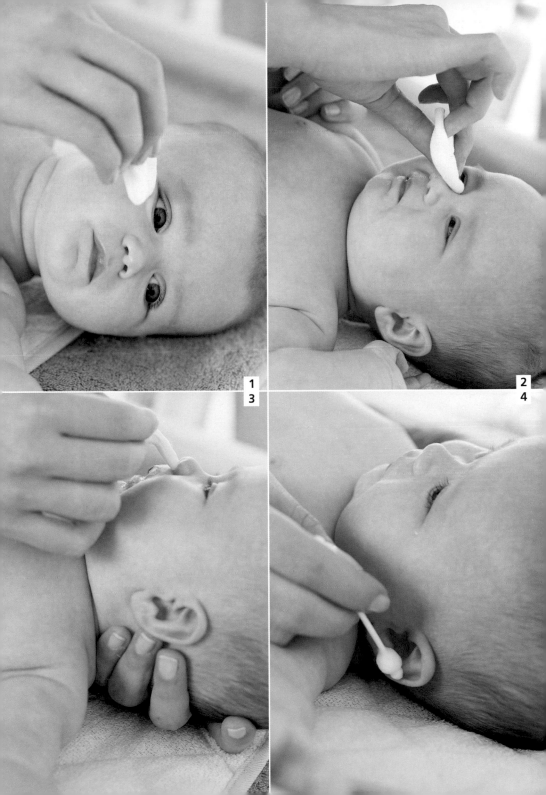

1

2

3

4

LOS CUIDADOS DE LA PIEL

ALGUNOS BEBÉS TIENEN LA PIEL MUY SECA Y CON ASPECTO ESCAMOSO. EN ESTE CASO, RESULTA INDISPENSABLE EL USO DE UNA CREMA HIDRATANTE. SIN EMBARGO, SI LA PIEL ES TERSA Y UN POCO GRASOSA, NO ES NECESARIO APLICAR CREMA.

HIDRATE LA CARA...

Cuando la cara de su bebé esté bien limpia, aplique crema emoliente en las mejillas, la frente y el mentón, dando un masaje suave con pequeños movimientos circulares **(1)**. La piel de la cara de un bebé es particularmente fina y sensible y tiende a resecarse durante el verano (a causa del calor) y durante el invierno (a causa del viento y del frío), sobre todo porque el pequeño no secreta mucho sebo, esa sustancia un poco grasosa que protege la piel de las agresiones externas.

...Y LUEGO, EL TORSO

Seque cuidadosamente la piel del bebé con una toalla suave y seca. Aplique una pequeña cantidad de crema hidratante en el pecho de su pequeño. Frote bien para que penetre la crema **(2)**.

Estos cuidados contribuirán a relajar a su bebé. Pero, ¡cuidado! La habitación tiene que estar a la temperatura correcta, de otro modo, su bebé no podrá disfrutar plenamente este instante.

NO OLVIDE LOS PIES...

Aplique una pequeña cantidad de crema en cada pie. Frote suavemente la planta y el empeine del pie **(3)**. No olvide los espacios entre cada dedo. A la mayoría de los bebés les agrada este masaje, pero si el suyo llora, no insista. Suba por la pantorrilla, la rodilla y, por último, el muslo. No olvide el pliegue de la parte superior de los muslos, que tiende a resecarse.

...NI LAS MANOS

Utilice una pequeña cantidad de producto para que el bebé no tenga las manos grasosas, lo cual resulta desagradable. Además, el bebé tiende —lo cual es normal— a llevarse las manos a la boca. Suba por el brazo hasta el hombro y no olvide los pliegues del codo ni las axilas.

TERMINE POR LA ESPALDA

Voltee delicadamente a su bebé y colóquelo boca abajo; evite que su cara quede obstruida, colocándola de lado. Si se incorpora sobre sus brazos levantando la cabeza, deténgalo firmemente para que no se ruede hacia un lado. Aplíquele un poco de crema en la piel y frote suavemente para que sea absorbida **(4)**. Si su pequeño ya se mantiene sentado, también puede aplicarle crema cuando se encuentre en esta posición. Verá cómo él se siente a gusto.

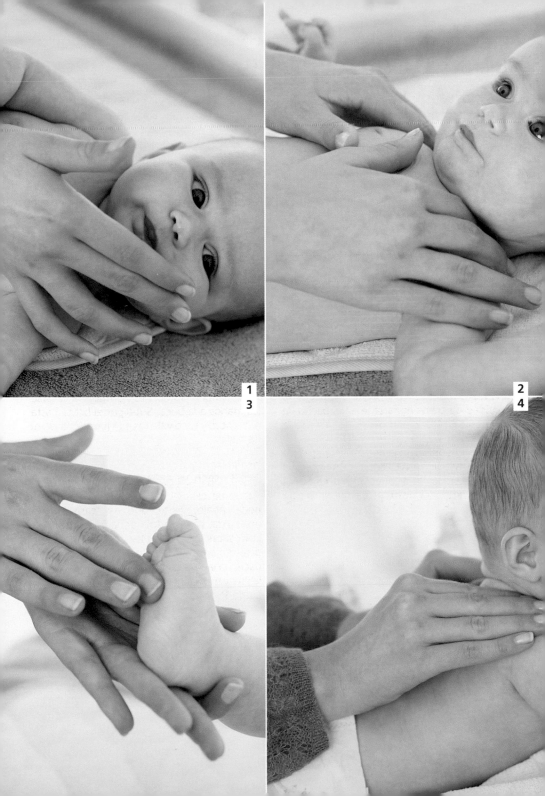

TRATAMIENTO DE LAS COSTRAS DE LECHE

Es frecuente que los bebés tengan en el cabello lo que comúnmente se llama *costras de leche*, es decir, pequeñas descamaciones benignas del cuero cabelludo. Si éste es el caso de su bebé, aplique en las costras aceite de almendras dulces o vaselina (también puede encontrar en los almacenes algunas cremas especiales para tal efecto). Frote bien y deje actuar durante la noche **(1)**.

DESPUÉS, ELIMÍNELAS

Al día siguiente, antes de bañarlo, retire las costras de leche con un peine fino o con un cepillo de cerdas suaves **(2)**. Ahora ya sólo hay que aplicar el champú, como de costumbre. No olvide enjuagar cuidadosamente cepillos y peines. Debe saber que para evitar la aparición de las costras de leche se aconseja lavar el cabello del pequeño todos los días con un champú suave, especial para bebés, hasta la edad de 3 o 4 meses.

> ### Tratar un eritema en las nalgas del bebé

El trasero del bebé, siempre en contacto con el pañal más o menos húmedo y/o sucio, puede llegar a irritarse. Si las nalgas de su pequeño presentan enrojecimiento, aclárelas cuidadosamente con un guante de baño (renovar en cada cambio) impregnado de agua y un poco de jabón (jabón neutro, barra dermatológica...) y séquelo bien con una toalla suave, limpia y seca. Luego aplique una solución de mercurocromo a 2%, deje que se seque bien y aplique sobre las lesiones una crema tratante a base de óxido de zinc o aceite de pescado antes de poner un pañal limpio (*cf.* pp. 50 a 53). Por último, procure cambiar al bebé frecuentemente y aproveche esos momentos para dejar su trasero al aire el mayor tiempo posible.

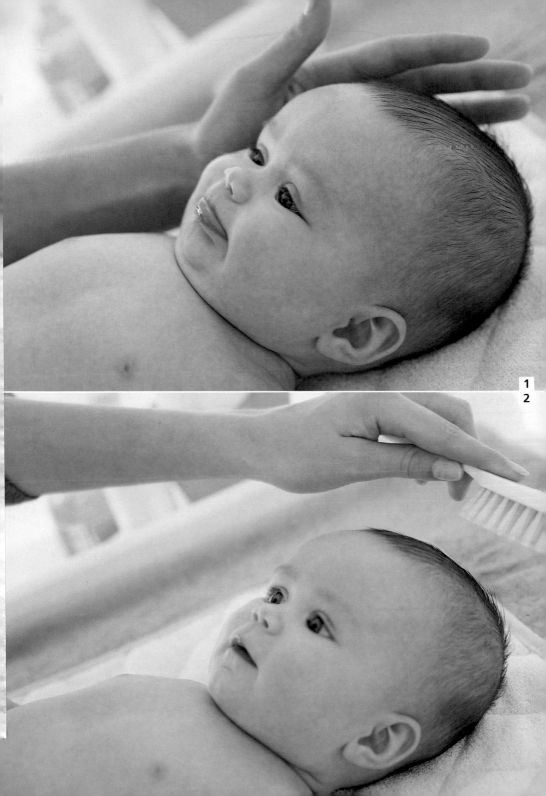

LOS MASAJES

Dar masajes a los bebés les procura bienestar y relajación, les ayuda a desarrollar su musculatura y favorece la comunicación corporal. Sin embargo, evite dar masajes a su bebé si padece alguna debilidad ósea, si tiene problemas en las articulaciones, si sufre de afecciones cutáneas o si usted acaba de alimentarlo. Hágalo siempre suavemente, con movimientos ligeros.

PREPÁRESE

Lávese las manos con agua caliente para que el contacto sea agradable. Enjuáguelas bien. Coloque en su mano aceite vegetal neutro (como aceite de almendras dulces) y frótese las manos para distribuir bien el aceite en las palmas. Asegúrese de que la temperatura de la habitación sea la correcta.

LA CARA Y LOS HOMBROS

Recueste a su bebé boca arriba. Coloque sus palmas en la parte superior de la cabeza del bebé y luego descienda suavemente hacia la frente y las sienes con movimientos circulares, ligeramente firmes. Coloque sus índices en la base de la nariz y deslícelos hacia las orejas, dándoles un masaje ligero, con movimientos circulares, desde la parte superior hasta los lóbulos **(1)**. Por último, pase a los hombros, dándoles un masaje de adelante hacia atrás.

ACARÍCIELE BRAZOS Y PIERNAS...

Tome la mano de su bebé con su mano izquierda mientras sube su mano derecha por todo el brazo del bebé hasta llegar al hombro, con movimientos suaves y circulares. Vuelva a bajar y deténgase en el codo, que masajeará del mismo modo. Luego, coloque sus manos en los tobillos del bebé. Vuelva a subir hasta las rodillas y posteriormente hacia arriba de los muslos, para volver a descender de la misma forma **(2)**.

...SIN OLVIDAR LAS EXTREMIDADES

Con su pulgar, dé un masaje de manera firme y con movimientos circulares en la palma de la mano del bebé. Pase a los dedos, déles masaje estirándolos de arriba hacia abajo. También a su bebé le gustará mucho un masaje en el arco del pie, para lo cual deberá efectuar pequeños movimientos circulares en toda la planta del pie, sin olvidar los dedos.

PECHO, VIENTRE Y ESPALDA

Coloque sus manos extendidas sobre el pecho del bebé. Descienda lentamente hasta las ingles y vuelva a subir hasta el pecho. Cuando pase sobre el vientre, efectúe pequeños movimientos circulares. Para darle masaje en la espalda, voltéelo y coloque sus dedos (manos bien extendidas) a la altura de los riñones, en la parte superior de las nalgas **(3)**. Vuelva a subir lentamente hacia los hombros, a cada lado de la columna vertebral, sin tocar ni manipular las vértebras. Una vez que llegue a la altura de los omóplatos, efectúe un pequeño movimiento hacia el exterior y vuelva a bajar a la altura de los riñones suavemente. Luego, déle un masaje en los costados, las axilas y las caderas, de arriba abajo y de abajo arriba.

> ### Aliviar los dolores de estómago

Coloque una de sus manos extendida justo por arriba del ombligo. Suba en semicírculo hacia el esternón y vuelva a bajar suavemente. Haga el mismo movimiento con la otra mano, volviendo a subir por el otro lado.

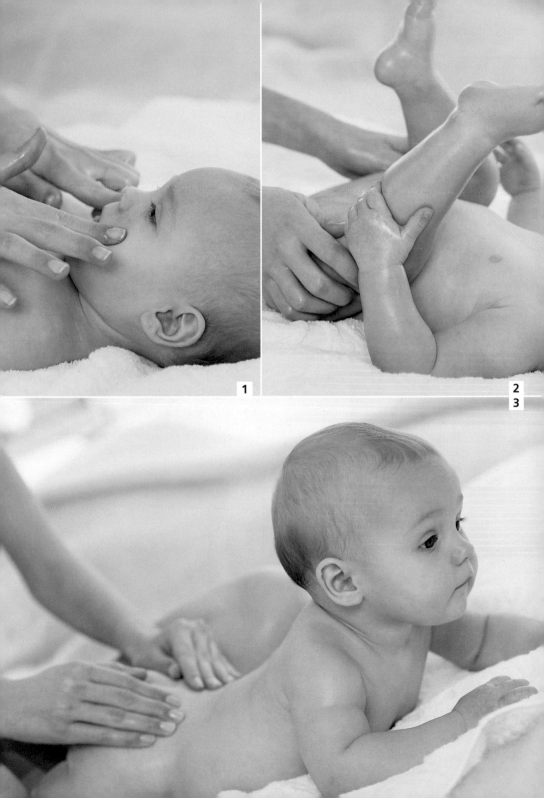

1

2

3

EL CAMBIO DE PAÑAL

Es importante cambiar el pañal del bebé en cuanto se ensucia de excremento o de una cantidad importante de orina. La mezcla de orina y excremento en el pañal provoca irritaciones, por ello es fundamental lavar, enjuagar y secar escrupulosamente a su bebé cada vez que lo cambie.

¡ORGANÍCESE!

Reúna todos los objetos que necesitará: pañal limpio, guante de baño, agua tibia, jabón neutro, toalla, si usted está en casa (para reducir cualquier riesgo de alergia y evitar las irritaciones) o toallas prehumedecidas desechables cuando esté fuera de ella (¡son tan prácticas!...), y crema para prevenir o curar las rozaduras e irritaciones. No olvide tampoco una bolsa plástica en la cual colocará el pañal sucio antes de desecharlo en la basura.

Recueste a su bebé en la colchoneta de cambios —o cualquier otra superficie mullida si no está usted en casa— cubierta con una toalla de baño.

RETIRE EL PAÑAL SUCIO

Retire la ropa de su pequeño (con frecuencia, basta con retirar solamente la parte inferior) y luego despegue las bandas adhesivas del pañal. Ábralo dirigiendo la parte anterior del pañal hacia usted. Limpie el excremento con las partes del pañal aún limpias y luego retire definitivamente el pañal levantando ligeramente las nalgas del bebé. Enrolle el pañal, asegúrelo con las bandas adhesivas formando una pelota y colóquelo en la bolsa plástica.

HAGA UN ASEO GENERAL

Limpie las nalgas del bebé con el guante de baño enjabonado (o un paño), empezando desde la parte menos sucia hacia la más sucia y de adelante hacia atrás para disminuir el riesgo de infecciones de los órganos genitales provocadas por los gérmenes del excremento (1). Repita la operación tantas veces como sea necesario, limpiando perfectamente todos los pliegues.

SEQUE BIEN LAS NALGAS

Seque bien las nalgas de su bebé con una toalla suave y perfectamente seca. Será mejor si la coloca sobre un radiador para que esté tibia en tiempo de frío. ¡Esto le gustará a su bebé! Para esta operación, no olvide los pliegues de los muslos, en donde la humedad tiende a acumularse.

APLIQUE UNA CREMA PROTECTORA

Si las nalgas de su bebé están rojas o irritadas, aplíquele el tratamiento explicado en la página 46. A manera de prevención, utilice una pomada a base de agua, la cual formará una película para evitar la irritación (2).

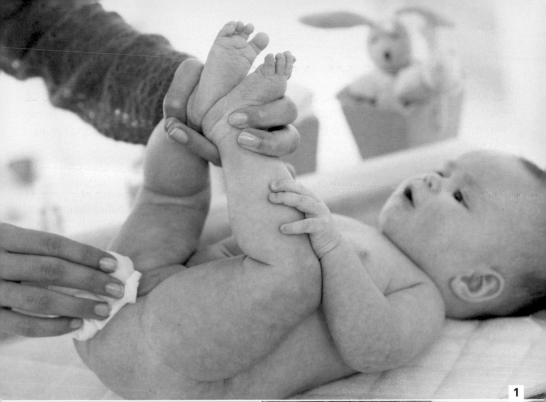

1
2

> **¡A algunos no les gusta, otros lo adoran!**

A algunos bebés no les gusta que los desvistan, así es que puede ser que lloren en el momento de cambiarlos. Para evitarlo, retire solamente la malla y vigile que la temperatura de la habitación no sea menor a los 22 °C.

A otros les gusta mucho este momento: si están inquietos durante el día, se puede recurrir al cambio para calmarlos.

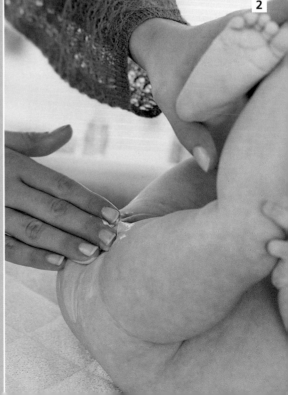

COLOQUE EL PAÑAL LIMPIO

Tome el pañal que previamente preparó, junto al resto del material, al alcance de la mano. Desdóblelo. Coloque la parte posterior del pañal —sobre la que se encuentran las bandas adhesivas— bajo las nalgas del bebé **(1)**. Cuide de colocar al bebé centrado en el pañal. Tanto a la derecha como a la izquierda debe haber el mismo espacio. Tanto la parte posterior como la parte de enfrente deberán llegar al mismo nivel, es decir, aproximadamente al nivel de la cintura **(2)**. En el caso del niño, su sexo deberá colocarse hacia abajo para evitar los derrames imprevistos a nivel de la cintura.

COLOQUE LAS BANDAS ADHESIVAS

Una vez que el pañal está colocado correctamente, sólo resta retirar la protección de las bandas adhesivas, levantar los extremos de la parte posterior del pañal y adherir las bandas sobre la parte anterior del pañal. ¡Cuidado! No se debe apretar demasiado el pañal —el bebé se sentiría incómodo, sobre todo al estar sentado—. También hay que evitar que el pañal quede demasiado flojo (de otro modo, ¡cuidado con los derrames!) **(3)**. No se preocupe. En la mayoría de los modelos, las bandas adhesivas pueden despegarse y volver a pegarse... lo cual le permite un pequeño margen de error. De cualquier modo, tenga a la mano cinta adhesiva.

DOBLE LA FRANJA ANTIDERRAMES

Al nivel de la cintura, tanto por enfrente como por detrás del pañal, se encuentra una pequeña banda libre que debe doblarse hacia adentro del pañal. Su función es evitar en todo lo posible los derrames indeseables. Deje a su bebé recostado boca arriba para doblar la parte del vientre; luego, voltéelo o siéntelo para hacer lo mismo en la parte posterior **(4)**.

VUELVA A VESTIR A SU BEBÉ

Verifique que la camiseta, el body o el mameluco de su bebé no estén mojados, lo cual ocurre con frecuencia. Además de lo desagradable que resulta estar en contacto con la ropa húmeda y fría, la orina es muy irritante para la piel. Si esto ocurre, enjuague el vientre del bebé con agua corriente y luego póngale una prenda interior limpia y vuélvalo a vestir.

> **Cambio especial para niños**

Cuidado con los niños a los que les acaba de retirar el pañal. Con frecuencia, hacen pipí en cuanto sus nalgas están descubiertas, y si no tiene cuidado, ¡seguramente la duchará! Antes de retirarle todo, déjelo un momento con el pañal despegado, sosteniendo la parte frontal del pañal sobre su pene.

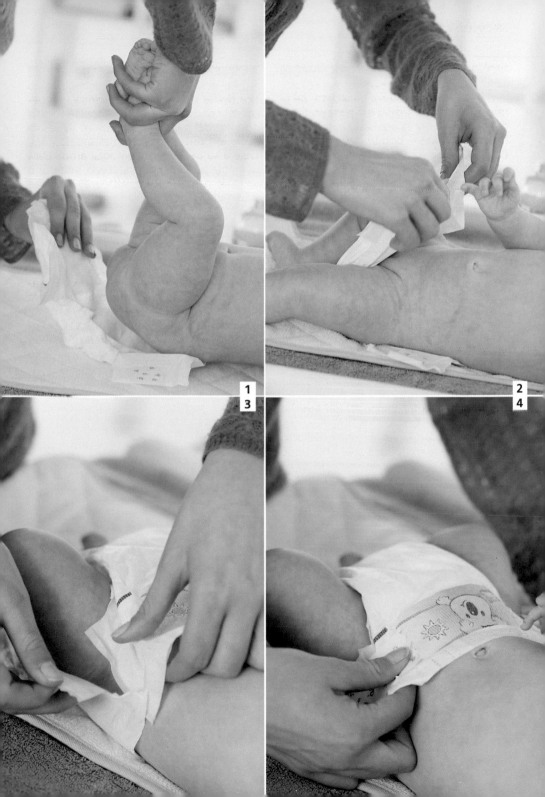

1

2

3

4

VESTIR A SU BEBÉ

VESTIR A UN BEBÉ SIEMPRE ES IMPRESIONANTE. CON FRECUENCIA, LAS MAMÁS SE SIENTEN TORPES Y TEMEN LASTIMAR A SU HIJO. EFECTIVAMENTE, ¡NO ES FÁCIL VESTIR A ESTE PEQUEÑO SER QUE NO DEJA DE MOVERSE! NO SE PREOCUPE, APRENDIENDO CIERTOS TRUCOS, USTED LO VESTIRÁ CON UNOS CUANTOS MOVIMIENTOS.

¿DÓNDE COLOCAR AL BEBÉ?

Recueste a su pequeño sobre una superficie limpia, suave y tibia. Si elige vestirlo sobre una colchoneta de cambio, cúbrala con una toalla, pues el contacto directo del plástico sobre la piel será desagradable para el pequeño. También puede cambiarlo y vestirlo en una cama, sobre la cual colocará una toalla (en caso de que haya fugas).

EMPIECE POR EL BODY

Elija uno de mangas cortas para el verano y de mangas largas para el invierno. Pase primero la cabeza de su bebé ensanchando lo más posible el cuello de la prenda y empezando por la cara para que se sienta cómodo **(1)**. Luego, pase la prenda por el resto de la cabeza.

LUEGO DE LA CABEZA, LAS MANGAS...

Para poner las mangas sin riesgo de lastimar al bebé o torcerle un dedo, tome su mano en la de usted, que previamente pasó por la manga, la cual desenrollará poco a poco por el brazo del pequeño **(2)**. Proceda igual del otro lado.

...Y CIERRE EL BODY

Tire luego del body desde el torso hasta abajo del pañal. Ciérrelo cuidadosamente con los botones de presión de la entrepierna **(3)**, teniendo cuidado de no pellizcar la piel. Asegúrese de que nada estorbe los movimientos de su bebé y luego reajuste las mangas y el cuello.

LA PARTE SUPERIOR

Proceda del mismo modo para poner un suéter o una camiseta. Pase en primer lugar la cabeza evitando tocar la cara y luego ponga las mangas y abotone el cuello si es necesario. Tire bien de la prenda hasta llegar a la cintura para eliminar los pliegues. Si se trata de un vestido que le está colocando a su pequeña y deba abotonarlo por el frente, déjela recostada; si los botones están situados detrás, siéntela.

LA PARTE INFERIOR

Para poner un pantalón o un peto, estire la abertura de la pierna a nivel del pie pasando a través una de sus manos; luego, tome el pie del pequeño y desenrolle la pierna del pantalón por la de su bebé, hasta llegar a la rodilla **(4)**. Proceda del mismo modo del otro lado y después vuelva a subir el pantalón hasta la cintura. Si hace frío, introduzca el suéter en el pantalón. Si el pantalón cuenta con una cremallera y con botones, ciérrelos todos y ajuste la prenda. Algunos modelos muy prácticos poseen botones de presión a lo largo de toda la entrepierna, lo cual es muy útil para cambiar a su bebé sin descubrirlo totalmente.

> Colocar las mallas

Enrolle la primera pierna de la malla e introduzca el pie; luego desenrolle hasta la rodilla. Proceda igual con el otro lado y suba las mallas hasta la cintura verificando que no aprieten demasiado el vientre de su bebé.

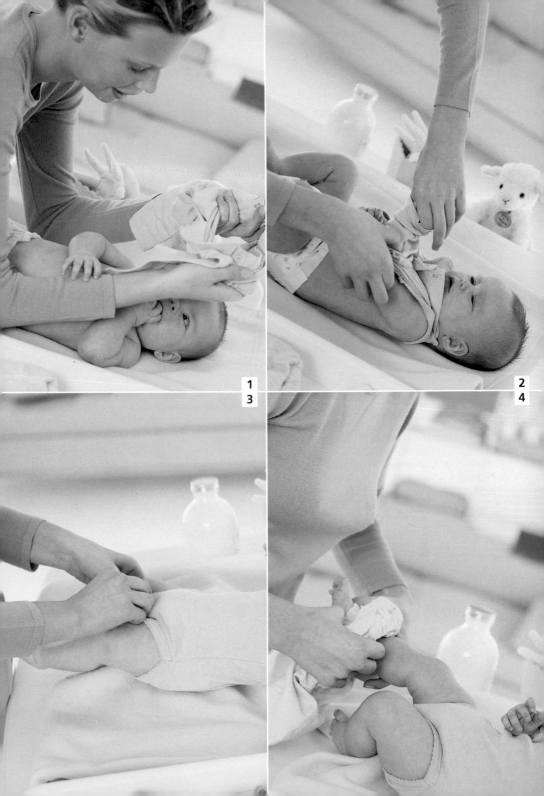

AHORA LOS CALCETINES...

Enrolle el primer calcetín y desenróllelo introduciendo el pie, empezando por los dedos, la planta del pie y finalmente el talón, el tobillo y la pantorrilla **(1)**. Súbalo bien para que quede completamente extendido. Haga lo mismo con el otro calcetín.

...LUEGO LOS ZAPATOS

Abra bien el primer zapato, aflojando los cordones lo suficiente. Tome el pie de su bebé y deslícelo hasta la punta del zapato **(2)**. Asegúrese de que no se formen pliegues en la media. Verifique que los dedos estén en el extremo del zapato, que el talón esté colocado correctamente, que la lengüeta no forme pliegues y que el tobillo esté bien sostenido. El zapato no debe quedar ni demasiado apretado ni demasiado suelto. Se cierra el zapato tirando de los cordones y haciendo un lazo de doble nudo para mayor seguridad. En el caso de los zapatos de correa, deberá verificar el ajuste: no debe estar ni demasiado apretado ni muy suelto, para lo cual habrá que introducir la correa en la presilla y ajustar en el agujero que se adapte mejor. ¡Cuidado! Una correa demasiado apretada interrumpe la circulación de la sangre. Proceda del mismo modo con el otro pie.

PONGA EL CHALECO

Con su bebé recostado, tome el chaleco, pase su mano por la abertura, tome la mano del bebé y suba el chaleco hasta el hombro. Siente al pequeño sobre la mesa de cambio. Tome la otra abertura y siga el mismo procedimiento. Cierre el chaleco y ajústelo bien por todos lados. Cerciórese de que ni el suéter ni el body tengan pliegues.

PARA SALIR, UN TRAJE COMPLETO

Cuando hace mucho frío su bebé debe estar protegido por un trajecito completo. Algunos modelos tienen la parte del pie continua. Empiece por las piernas. Pase su mano por la abertura interior de la pierna, tome el pie y proceda igual del otro lado. Suba entonces el trajecito completo hasta la cadera, pásela por debajo de las nalgas y luego siente al bebé. Haga lo mismo para los brazos: tome una mano por la abertura de la manga y desenrolle ésta por el brazo del pequeño. Siente a su bebé y cierre el trajecito. No olvide ponerle un gorro, una bufanda y una capucha en caso de que haga mucho frío **(3)**. Verifique sobre todo que sus pantorrillas estén bien cubiertas. Con frecuencia se ve a niños en sus carriolas cubiertas, ¡pero con las pantorrillas descubiertas!

> ¿Qué hacer si su bebé llora mientras lo viste?

No sirve de nada angustiarse o enojarse; siga sonriendo y hablándole suavemente. Cántele una canción para captar su atención, déle un juguete pequeño para distraerlo o coloque un móvil musical encima de la mesa de cambio. Si el momento de vestirlo es particularmente difícil para él, prepare las prendas unas dentro de otras (el suéter sobre la camiseta, por ejemplo) antes de ponérselas, con la finalidad de acortar al máximo el tiempo de cambio.

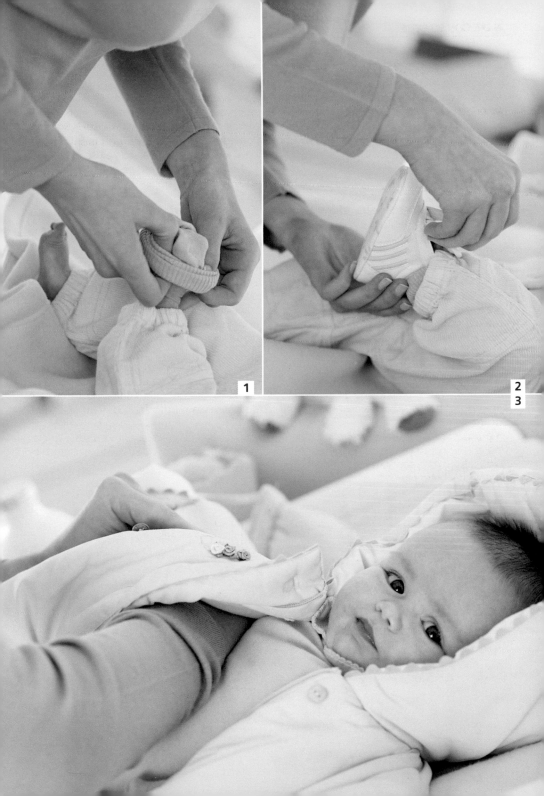

LAS POSTURAS CORRECTAS PARA CARGAR AL BEBÉ

QUIZÁS SE SIENTA POCO HÁBIL AL TOMAR Y ACARICIAR A SU BEBÉ... CON ESTOS SIMPLES CONSEJOS Y UN POCO DE EXPERIENCIA, SE CONVERTIRÁ RÁPIDAMENTE EN UNA EXPERTA EN EL ARTE DE CONSEGUIR TIERNOS ENCUENTROS ENTRE AMBOS Y SABRÁ ENCONTRAR LAS POSTURAS IDEALES PARA USTED Y PARA ÉL.

CARGAR A UN BEBÉ BOCA ARRIBA

Bien instalado sobre la mesa de cambio, su bebé sólo espera una cosa: que usted lo tome entre sus brazos. Inclínese sobre él, con su cara justo enfrente de la suya. Háblele suavemente, sonriéndole o acariciándole la cara al mismo tiempo. Deslice una mano por su nuca y la otra por detrás de sus nalgas **(1)**. Sostenga bien a su bebé entre sus manos. Atráigalo hacia usted sosteniendo firmemente su nuca (sobre todo si aún es muy pequeño y no sabe sostener la cabeza) y sus nalgas sobre su mano totalmente extendida. Proceda del mismo modo para volverlo a depositar en su cama o en su asiento.

COLÓQUELO SOBRE SU PECHO...

Más clásico: coloque al bebé sobre su pecho, con la cabeza sobre su hombro, mientras lo sostiene firmemente por las nalgas. El bebé podrá acurrucarse en su cuello. Esta posición es ideal para que el bebé eructe después de la lactación.

...O ENTRE SUS BRAZOS

Recueste al bebé a todo lo largo sobre su antebrazo y deje que su cabeza descanse sobre su codo. Con el otro antebrazo sostenga el primero, de tal manera que el bebé no se apoye demasiado en el antebrazo sobre el cual descansa **(2)**.

INDISPENSABLE: UN BUEN APOYO

No lo olvide: un buen apoyo a nivel de la nuca —siempre frágil en los bebés muy pequeños— y del trasero. Cuando usted lo carga, el bebé suele estar sentado sobre su antebrazo. El asiento debe ser resistente. Por lo general, los bebés son bastante flexibles, así que no tema "romperlos". Si bien es cierto que hay que sostener bien su cabeza, para lo demás bastará con un apoyo suave y firme. Todo irá bien y su bebé se sentirá seguro.

CERCA DE SU CORAZÓN

Para un gran momento de ternura, nada puede reemplazar los brazos reconfortantes de mamá: siente al bebé pasando sus piernitas a cada lado de su cintura. Deje que sus bracitos descansen sobre sus hombros y que su cabeza se anide contra su cuello **(3)**. Lo importante es que se sienta cerca de usted, que pueda sentir su olor.

1
3
2

CARGAR A UN BEBÉ BOCA ABAJO

Deslice uno de sus antebrazos entre las piernas del bebé, separando totalmente sus dedos para que el vientre del bebé repose en la palma de su mano y sus dedos en forma de abanico **(1)**. Deslice su otro antebrazo por debajo de las axilas y mantenga el pecho del bebé sostenido con su mano abierta. A partir de esta posición, levante al bebé hacia usted, pecho contra pecho, llevando la cabeza del pequeño hacia su hombro, mientras que con la otra mano sigue sosteniéndolo por las nalgas **(2)**. Esta posición clásica es ideal para intercambiar besos y caricias. Ambos perciben la suavidad y el calor del otro... Tómese su tiempo para saborear este instante.

RECUÉSTELO SOBRE SUS RODILLAS...

Para variar un poco, coloque el torso de su hijo atravesado respecto a las piernas de usted; con el antebrazo sostenga su pecho, su cabeza debe reposar sobre la palma de su mano; con la otra mano, detenga sus nalgas en caso de que el bebé haga un movimiento brusco.

Quizás el bebé intente levantar su cabeza por sí mismo, e incluso se apoye en sus antebrazos mientras está recostado sobre las rodillas de usted. Sosténgalo bien para que no se ruede hacia un lado.

...O SOBRE SU ANTEBRAZO

La mayoría de los bebés adoran que se les recueste boca abajo, montados sobre el antebrazo mientras se les mece. Además, esta posición permite calmar algunos cólicos. Deslice una mano por debajo del vientre del bebé, sosténgalo con la otra a nivel de la cadera y el muslo, sin apretarlo, y mézalo suavemente de adelante hacia atrás **(3)**. ¡Es una garantía de comodidad!

DE PIE

Cuando el bebé hace gimnasia... ¡mamá se siente en las nubes! Coloque sus pies sobre el vientre de usted y deslice el pulgar bajo las axilas, mientras que con la palma de la mano y el resto de los dedos sostiene la parte alta de su espalda y su nuca **(4)**. Ambos están frente a frente ¡y de este modo puede mirarlo cuanto quiera! Su bebé estira sus pequeñas piernas, incluso puede encogerlas y repetir estos movimientos, con lo que logrará un efecto de resorte.

> Un sentimiento de seguridad

Sin importar cuál sea la posición que elija, procure sostener firmemente a su bebé. Un bebé necesita sentirse seguro siempre. Si usted se siente poco segura o si el bebé no está instalado confortablemente, se pondrá a llorar para indicarle que se siente incómodo.

1

2

3

4

DE VISITA O EN CASA, ¿DÓNDE COLOCAR AL BEBÉ?

SU BEBÉ SALDRÁ AL MUNDO RÁPIDAMENTE. YA NO PASARÁ TODO EL TIEMPO DURMIENDO Y QUERRÁ PARTICIPAR EN LAS ACTIVIDADES DE CASA PARA DESCUBRIR MUCHAS COSAS. AQUÍ LE DIREMOS TODO LO QUE SE NECESITA SABER PARA MOVERLO CÓMODAMENTE O LLEVARLO A TODAS PARTES RESPETANDO LAS REGLAS DE SEGURIDAD.

EL ASIENTO: PRÁCTICO Y CONFORTABLE

Un bebé se sentirá perfectamente a gusto en su asiento (silla portabebé) **(1)**. También podrá llevarlo a todas partes porque el asiento es ligero y cuenta con asas. Cerciórese de colocarlo correctamente en el suelo, puesto que algunos pequeños particularmente inquietos pueden caer de un asiento que esté colocado sobre la mesa. También tenga cuidado con las corrientes de aire, que con frecuencia circulan cerca del suelo. Si la invitan a algún lado, no olvide llevar el asiento para instalar a su bebé mientras usted aprovecha el momento de la visita...

EL CORRAL: UN LUGAR SEGURO

Cuando esté ocupada, no se sienta mal por instalar a su bebé en un corral, con la condición de que disponga en él suficientes juguetes, variados y seguros **(2)**. Los barrotes son el instrumento ideal para sostenerse y aprender, día tras día, a ponerse de pie.

EL TAPETE DE ACTIVIDADES

El tapete de actividades es perfecto para descubrir los materiales, los colores, los sonidos... ¡y para aprender a cambiar de la posición boca arriba a la de boca abajo divirtiéndose! **(3)** El hecho de incorporarse sobre sus bracitos le permite reforzar los músculos de brazos y nuca, así como aprender poco a poco a desplazarse solo sobre el tapete de actividades.

LA SILLA ALTA

Muy práctica, la silla alta permite al bebé tomar sus alimentos estando bien instalado —sin olvidar verificar que esté bien asegurado— pero, con el tiempo, el bebé se siente un poco encerrado, es por ello que no hay que abusar de su uso fuera de las horas de comida. Puede sentar a su pequeño en ella mientras lee en la mesa o termina de comer, por ejemplo, o antes de instalarlo en una estructura más adaptada.

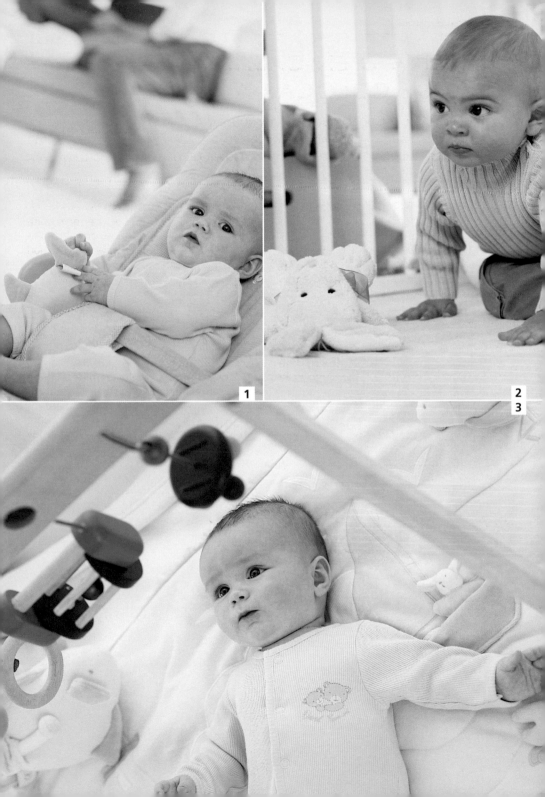

1

2
3

¿QUÉ HACER CUANDO LLORA SU BEBÉ?

Su bebé llora con todas sus fuerzas y usted no logra calmarlo. Aquí le damos algunos trucos para evitar alterarse y para que él se tranquilice.

ASEGÚRESE DE QUE TODO ESTÉ BIEN

Ya acostó al bebé en su cuna, pero hace un rato que está llorando. Algunos niños, cuando están inquietos, necesitan descargar la tensión nerviosa de esta forma para poder dormir. Si el llanto se prolonga por algunos minutos, vaya hasta su habitación y mire discretamente si todo está bien. ¿El protector de cuna está bien colocado? ¿No está detenido entre los barrotes? ¿Su juguete de peluche le estorba? Para calmarlo, accione su móvil o su caja musical y déle un besito en la mejilla.

TÓMELO ENTRE SUS BRAZOS

¿Nada funciona? Es inútil dejar que su bebé se desgarre la garganta en la cuna. Seguramente necesita que usted lo calme, o está demasiado agitado, o bien, no tiene ganas de dormir por el momento **(1)**. Tómelo en sus brazos para hacerle una caricia, háblele suavemente, cántele una canción de cuna, deambule por la habitación para que se calme.

MEZA A SU BEBÉ

Con el bebé apoyado contra usted, sosténgalo deslizando un brazo bajo sus nalgas. Acomode la cabeza del pequeño en el hueco de su cuello. Mézalo efectuando movimientos de derecha a izquierda y de izquierda a derecha. Con la mano libre, déle un pequeño masaje en la espalda **(2)**.

REVISE QUE EL PAÑAL ESTÉ LIMPIO

Antes que nada, verifique que el pañal esté limpio y seco; un pañal sucio puede provocar sensaciones desagradables e irritaciones. Proceda a cambiarlo si es necesario.

SI TIENE CÓLICOS

Recueste a su bebé boca abajo sobre el antebrazo y la mano de usted; con la mano libre, déle un suave masaje en el vientre **(3)**. También puede colocarlo boca abajo, con la cabeza apoyada sobre su antebrazo y la mano en el vientre del pequeño; debe colocar la otra mano entre las piernas del bebé para sostenerlo a nivel del vientre. Déle un masaje suave.

SI ESTÁ AGITADO

Tome a su hijo entre sus brazos, coloque su espalda contra su pecho y pase una mano por enfrente, entre sus piernas. Con la otra mano, déle un masaje en el vientre, los muslos, los brazos y el cuero cabelludo.

¿NADA LO TRANQUILIZA?

Recueste a su bebé sobre la colchoneta de cambio o sobre la cama. Vierta unas cuantas gotas de aceite de almendras dulces en las palmas de sus manos y déle un masaje en los brazos, las piernas, las palmas de las manos y la planta de los pies (cf. "Los masajes", p. 48).

1

2
3

> El llanto es su lenguaje

Un bebé llora porque intenta transmitir algún mensaje. Un bebé puede llorar por diversas razones que no siempre son fáciles de analizar: porque tiene hambre o sed, porque su pañal está sucio, porque algo le duele, porque está cansado y no logra conciliar el sueño, porque está inquieto, porque tiene demasiado calor o demasiado frío o también porque está enfermo. Es difícil interpretar el llanto de un bebé pero, cuanto mejor lo conozca, mejor logrará responder a sus demandas. Jamás piensen que son malos padres porque su pequeño llora todo el día y no logran calmarlo. Entre 10 % y 20 % de los bebés lloran de manera exagerada o, al menos, más de lo normal. Así pues, ¡no hay motivo para preocuparse o para sentirse culpable!

QUIZÁS TENGA HAMBRE...

¿Se acerca la hora del biberón pero aún no está listo? Ofrezca el dedo pequeño de su mano al bebé para que mame, o déle una tetina para hacerlo esperar **(1)**. Es posible que sólo tenga ganas de mamar: hacerlo, calmará su necesidad de succionar.

...O SED

Un biberón de agua puede lograr la felicidad de los bebés sedientos. No olvide dar regularmente agua a su bebé entre una y otra lactación, antes de dormir o en caso de que haga mucho calor. El hecho de mamar también puede calmarlo y ayudarlo a conciliar el sueño.

SI NO TIENE GANAS DE DORMIR

Si definitivamente no puede hacer nada al respecto, tómese unos minutos para jugar con él. Evidentemente, usted elegirá juegos tranquilos... No se trata de agitar más al bebé, sino de distraerlo para que se tranquilice.

CAMINE PARA ARRULLARLO

Marchar no es la especialidad sólo de los militares... ¡También las mamás lo practican! Cuando su bebé está verdaderamente inquieto, caminar un momento puede ayudarlo a calmarse; se calmará arrullado por el balanceo de los pasos e incluso podrá dormirse.

COLÓQUELO EN EL PORTABEBÉ

¿Tiene que cumplir con sus obligaciones pero su bebé gesticula y llora? Colóquelo en el portabebé (para la espalda o para el pecho), de frente a usted o de frente hacia el exterior (según su edad), y siga haciendo lo que tenga que hacer **(2)**. Con el contacto con usted y arrullado por sus pasos, el bebé se calmará poco a poco.

ARRÚLLELO EN EL ASIENTO

Instálelo en su asiento portátil o en su asiento para el auto (el que se coloca en el asiento del auto: algunos cuentan con un sistema para balancearse), y arrúllelo suavemente de adelante hacia atrás **(3)**. Otra solución: instálelo en la carriola y empújelo y tráigalo hacia usted en trayectos cortos mientras le habla suavemente... o ¡mientras está leyendo!

1

2
3

> ### >Un baño puede ayudar

Con frecuencia, un buen baño tibio es lo mejor para calmar las cóleras más terribles. Aun si su bebé ya tomó su baño del día, ofrézcale un segundo momento en el agua. Al contacto con ella volverá a la calma y a la seguridad.

EL ARTE DE ACOSTAR A SU BEBÉ

LA PREPARACIÓN PARA ACOSTARLO ES UNA ETAPA IMPORTANTE EN EL DÍA DE UN BEBÉ. HACER DE ÉSTE UN MOMENTO TRANQUILO Y TIERNO PARA COMPARTIR, TRANQUILIZARÁ A SU PEQUEÑO Y LE PERMITIRÁ DORMIR EN LAS MEJORES CONDICIONES POSIBLES. PRESENTAMOS TODOS LOS ELEMENTOS PARA IMPLEMENTAR UN RITUAL TRANQUILIZADOR Y EFICAZ.

PREPARE LA CUNA O LA CAMA

Antes de acostar a su pequeño, asegúrese de que la sábana esté bien colocada, que el protector de colchón no tenga pliegues y que todo esté rigurosamente limpio y seco. También cerciórese de que el protector de espuma esté perfectamente fijo. A partir de los 12 meses, un niño puede tener una sábana y un cobertor porque tiene la suficiente fuerza para empujarlos si estuvieran cubriendo su cara. Por último, verifique que todo esté bien limpio, al igual que la temperatura de la habitación, la cual deberá oscilar entre los 19 °C y 20 °C.

VISTA A SU BEBÉ

Para dormir bien sin que tenga frío, su bebé debe estar cubierto por un pijama o un bolso para bebé, los cuales son más seguros que el cobertor, pues éste puede llegar por accidente hasta su cabeza. Póngaselo comenzando por los pies y luego siéntelo para ponerle las mangas. Ciérrelo. Verifique bien los sistemas de cierre (cremalleras, botones de presión…) y asegúrese de que no esté demasiado apretado a nivel del cuello.

HÁGALE UNA CARICIA

¿Está listo su bebé? Tómelo entre sus brazos con una sonrisa. Una última caricia, un beso… ¡Es hora de ir a la cama! Tómese su tiempo para que su bebé no tenga la impresión de que se quiere deshacer apresuradamente de él. Si así lo creyese, se sentiría frustrado y podría llorar.

…Y ACUÉSTELO

Acuéstelo y acomódelo en su cuna boca arriba (1). Es la posición recomendada por los pediatras, con la finalidad de evitar al máximo el riesgo de accidentes.

PARA LOS MÁS PEQUEÑOS: EL COJÍN

Puede acostar a su bebé de lado y, si es necesario, colocar pequeños cobertores enrollados o un cojín para evitar que se ruede, con la finalidad de que permanezca en la misma posición (2). Mientras duerme, su bebé puede moverse, de modo que el cojín permite mantenerlo en la posición correcta y evitar que se vuelva boca abajo.

UN BEBÉ INSTALADO CONFORTABLEMENTE

Una vez que su bebé está bien instalado, se toma el tiempo de mirar a su alrededor para reconocer su entorno: su cama, su móvil, quizás un pequeño peluche. Vuelva a verificar que su pijama no le moleste a nivel del cuello; tampoco debe estar "apretujado" en su ropa. Cuando hace buen tiempo, no es necesario ponerle ninguna prenda suplementaria encima de su ropa habitual.

> Cuidado con el riesgo de asfixia

El síndrome muerte de cuna se debe a veces a una asfixia del bebé a causa de una sábana o una almohada cubrecama, así es que no coloque nada en la cama de su pequeño que pueda impedirle respirar. Prefiera el bolso para bebé y elimine las almohadas.

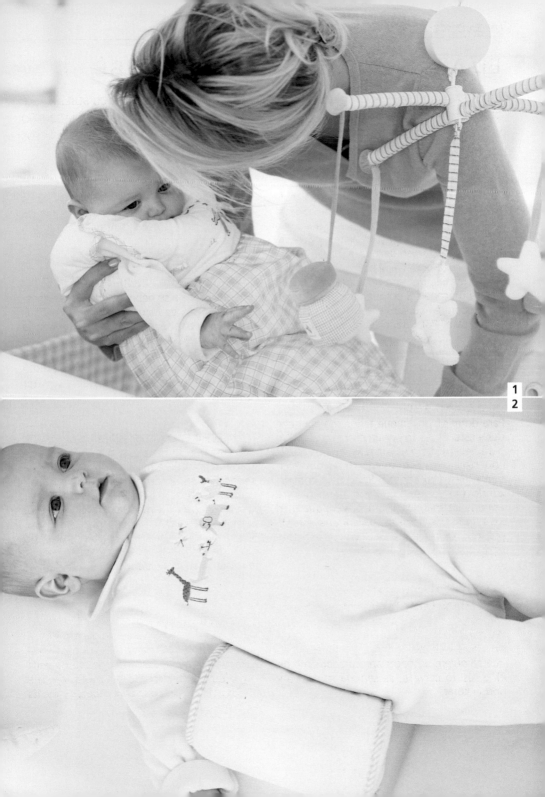

EL RITUAL DE ACOSTARLO

Los rituales para acostarlo son muy importantes para un bebé. Al repetirse cotidianamente, le permiten dormirse en condiciones en las que él se siente seguro. Todas las noches, cántele una pequeña canción de cuna o proceda con los rituales que usted desee, con la finalidad de que el bebé aprenda que este momento es un lugar de protección, ternura y dulzura.

UN COMPAÑERO PARA DORMIR

A partir de los 6 meses, puede colocar en la cama de su bebé un muñeco de peluche lavable para que lo acompañe **(1)**. Cuidado con los muñecos de peluche demasiado grandes o demasiado pequeños, los cuales podrían asfixiarlo. Lave este peluche regularmente para evitar que se acumulen el polvo y los ácaros.

EL MÓVIL QUE CALMA

Suspenda un móvil musical mecánico por encima de su cuna **(2)**, al cual dará cuerda justo antes de abandonar la habitación. Su bebé se arrullará con la música suave… Si llora, una vez que el móvil se detenga, usted puede ir a darle cuerda una vez más… ¡Pero sin abusar!

UN BESO

Y ha llegado el momento de separarse: una caricia, una sonrisa, un último beso antes de abandonar la habitación… hasta dentro de un rato o hasta mañana por la mañana. Por supuesto, usted puede accionar de nuevo el mecanismo de su caja musical antes de salir de la habitación.

¡HASTA LUEGO!

El bebé debe ver y saber cuándo se retira usted. Si desaparece, él podría angustiarse por esta brusca desaparición. Desde ahora debe aprender a separarse, aun si es por poco tiempo.

> **La mantita, el osito de peluche…**

En la mayoría de los bebés, la necesidad de tener una mantita u osito de peluche aparece alrededor de los 8 meses, a veces antes (pero no en todos los casos, algunos bebés jamás tendrán uno). Por lo general, se trata de una mantilla, de una muñeca, de un peluche… que se transforma en lo que se llama *objeto transicional*. Su papel es el de paliar la ausencia de la madre y ayudar al pequeño a soportar la separación. Algunos niños conservan su objeto transicional hasta que son muy grandes, y luego ellos mismos se separan de él progresivamente.

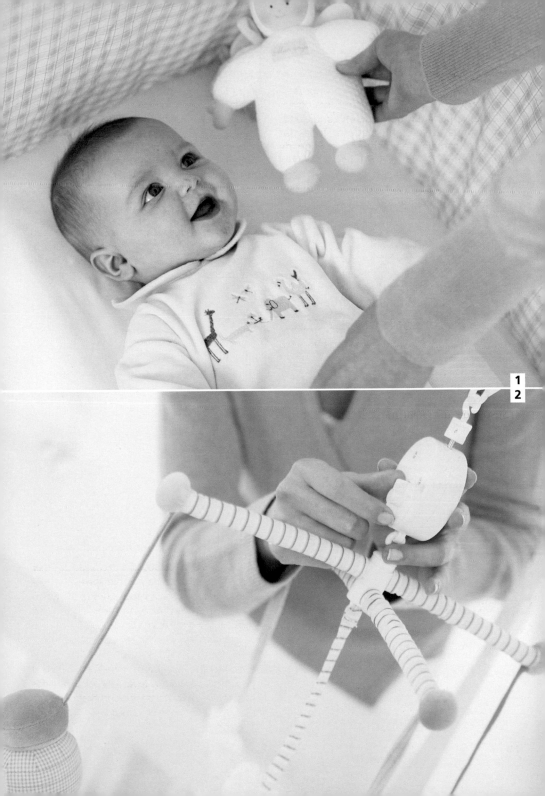

1
2

salir con su bebé

EL PORTABEBÉ PARA EL PECHO

CADA VEZ MÁS ACEPTADO POR LOS JÓVENES PADRES, EL PORTABEBÉ PARA EL PECHO ES LA MANERA MÁS PRÁCTICA PARA TRANSPORTAR A UN BEBÉ AÚN MUY PEQUEÑO. EN GENERAL, SE TRATA DE UN ELEMENTO FLEXIBLE, REFORZADO A NIVEL DE LA NUCA Y EN OCASIONES POR LA ESPALDA, QUE SE SOSTIENE CON UN MÍNIMO ESFUERZO.

COLOQUE EL PORTABEBÉ

Estando en casa, manipule varias veces el portabebé con la finalidad de conocer perfectamente su funcionamiento y cerciorarse de la seguridad que le ofrece. Además, de este modo aprenderá a ponérselo y quitárselo con más facilidad, así como a colocar a su bebé en él y a "liberarlo". Revise bien los arillos de seguridad y las correas; mire bien si no hay nada que pueda lastimar a su pequeño. Coloque el portabebé siguiendo las instrucciones del fabricante. Ajuste los arillos y las correas antes de instalar a su bebé en él. Verifique que todo esté sólidamente ajustado.

INSTALE A SU BEBÉ

Tome a su bebé en los brazos. Deslícelo dentro del portabebé levantándolo por las axilas y sosteniéndolo por las nalgas **(1)**. Cierre el portabebé con ayuda de los broches de presión, botones, correas... o cualquier otro accesorio, los cuales varían según los modelos.

AJUSTE LAS CORREAS

Ajuste las correas, aros y tirantes de modo que su bebé esté cómodamente instalado, es decir, colocado lo suficientemente alto en su pecho y no sobre su estómago **(2)**. Su cabeza debe estar correctamente apoyada, ya sea mediante un arnés previsto para tal efecto o sobre su mano. Mientras su bebé no sepa sostener bien la cabeza, es decir, antes de los dos o tres meses, es necesario ayudarlo a sostenerla para evitar que su nuca se fatigue demasiado. Una vez que su bebé está confortablemente instalado y que usted ha verificado todos los dispositivos de seguridad, póngase su abrigo (incluso puede cerrarlo sobre su bebé si hace frío, velando, por supuesto, para que el pequeño pueda respirar libremente), y concéntrese en sus ocupaciones.

UNA MIRADA AL MUNDO

Algunos modelos están diseñados para que se usen "de frente al camino", es decir, para que la espalda del pequeño se recargue sobre su tórax **(3)**. Otros ofrecen las dos versiones. Esta posición "de frente al mundo" es interesante cuando el bebé es un poco más grande (3 o 4 meses) y devora con los ojos todo lo que pasa frente a él.

PARA SACARLO DEL PORTABEBÉ

Siéntese confortablemente, abra la parte anterior del portabebé, suelte las correas y retire al bebé sosteniéndolo por las axilas y tirando hacia arriba para liberar sus pequeñas piernas.

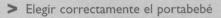

1

2
3

> Elegir correctamente el portabebé

Para que sea lo más seguro posible, en primer lugar debe contar con un arnés rígido para apoyar la cabeza o con una estructura de apoyo a nivel de los hombros. Los pediatras no aconsejan que se utilice este medio de transporte antes de los dos o tres meses, puesto que la espalda del bebé aún es frágil o no sabe sostener bien su cabeza. También son aconsejables un cinturón de seguridad y tirantes anchos y cómodos. Por último, no olvide elegir uno que pueda lavar en casa.

EL PORTABEBÉ PARA LA ESPALDA

EL PORTABEBÉ PARA LA ESPALDA ESTÁ DESTINADO A LOS PEQUEÑOS DE MÁS DE 6 MESES, QUE YA SE HAN VUELTO DEMASIADO PESADOS PARA EL PORTABEBÉ PARA EL PECHO, Y QUE YA SE SIENTAN. ES MUY PRÁCTICO PARA LLEVAR A SU PEQUEÑO A TODOS AQUELLOS LUGARES A DONDE NO LLEGA LA CARRIOLA.

VERIFIQUE EL DISPOSITIVO

Antes que nada, verifique la estabilidad del portabebé para la espalda cuando está puesto en el suelo, antes de colocar en él a su bebé. Verifique que las correas, tirantes y aros estén bien fijos.

ADÁPTESE AL CLIMA

No olvide vestir a su bebé en función del clima y verificar, en invierno, que sus pantorrillas estén bien cubiertas. En verano, prefiera una sombrilla, es muy práctica.

INSTALE A SU BEBÉ

Tome al niño entre sus brazos. Deslícelo dentro del portabebé, colocado en el suelo. Proceda a ajustarlo todo: su bebé no debe estar ni demasiado apretado ni demasiado suelto para moverse. Haga estos ajustes con cuidado, de forma que no corra ningún riesgo.

LEVANTE EL PORTABEBÉ SOBRE SU ESPALDA

Instale suavemente el portabebé en su espalda, acomódelo bien, ajuste los tirantes para su comodidad y el de su pequeño, y cierre el cinturón que mantiene el portabebé sólidamente fijo a su cintura. Como su bebé no puede verla a la cara, háblele para tranquilizarlo, al menos, la primera vez.

> ## Los portabebés para la espalda sin arneses

Actualmente existen portabebés para la espalda sin arneses metálicos, lo cual les confiere una ligereza excepcional. Por lo general poseen tirantes anchos y confortables, lo cual ofrece una gran comodidad tanto a quien lo lleva como al bebé. La facilidad para guardarlo es grande gracias a que no ocupa mucho espacio (mamá y papá pueden llevarlo a todos lados, durante las vacaciones, de fin de semana...).

La facilidad de utilización es real ya que, una vez que se coloca al bebé en el interior, y que se ajustan las correas, sólo resta un aro de seguridad por ajustar. El bebé cuenta con un asiento confortable y regulable, con un buen apoyo para su espalda, y un importante campo de visión para descubrir el mundo que lo rodea.

> ## Los detalles que hacen la diferencia

Algunos portabebés cuentan con bolsillos funcionales de fácil acceso para guardar el chupete o el teléfono portátil. También puede elegir un modelo provisto de una sombrilla que, en caso de mal tiempo, podrá proteger a su bebé de la lluvia.

EL MOISÉS

LOS ESPECIALISTAS ACONSEJAN COLOCAR A LOS NIÑOS DE MENOS DE 5 MESES EN UN MOISÉS Y NO EN UNA CARRIOLA PARA PROTEGER SU ESPALDA, QUE AÚN ES FRÁGIL Y REQUIERE UN APOYO FIRME.

PREPARE EL MOISÉS

En el fondo del moisés, coloque un colchón de las mismas dimensiones que la base. Coloque un protector de colchón para evitar ensuciarlo en caso de derrames de orina o regurgitaciones y coloque también una sábana —también puede usar una gran funda de almohada para introducir el colchón—. Una sábana plana y un cobertor darán un toque de comodidad al moisés.

INSTALE A SU BEBÉ

Vista a su bebé según la estación y tómelo en sus brazos para colocarlo suavemente en su moisés. Durante el invierno, se aconseja protegerlo con un trajecito llamado "comando"; durante el verano se aconsejan prendas más ligeras. Las manos frías de un bebé no se deben interpretar automáticamente como un signo de que tiene frío. Si quiere verificar que su pequeño no tenga frío, pase un dedo por su cuello; si está tibio, no debe preocuparse. Recueste a su bebé boca arriba, y si es necesario encálelo con pequeños cobertores enrollados o un cojín para encalar al bebé que puede encontrar en las tiendas especializadas **(1)**.

CÚBRALO

Ahora que el bebé está bien instalado, tire de la sábana y los cobertores hasta sus hombros. Envuélvalo bien, pero no demasiado para que pueda moverse libremente. Suba la sábana del moisés hasta arriba, sobre todo en caso de frío o mal tiempo.

AJUSTE EL TOLDO

Disponga el toldo del moisés de tal manera que el bebé quede protegido del sol, del viento y de la lluvia **(2)**. Con tiempo nublado, poco luminoso o si no hace mucho frío, puede plegar el toldo hacia la parte posterior para que el bebé disfrute plenamente del paisaje .

> ¿Se debe sacar al bebé todos los días?

Si bien es cierto que el paseo es uno de los momentos preferidos de los bebés, también es muy importante para el ánimo de las mamás. Pero si su bebé está resfriado, si hace mucho frío, si hay mucho viento o se ha informado de algún repunte de contaminación, más vale permanecer en casa. Aproveche el momento para entregarse con él a su juego preferido, enseñarle nuevas actividades o simplemente para hacerle muchas caricias. Para relajarlo, antes de acostarlo, prolongue el momento del baño con el objetivo de eliminar las tensiones que hayan podido surgir por el hecho de haber permanecido todo el día encerrado.

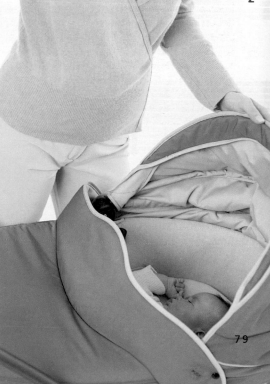

79

LA CARRIOLA PARA BEBÉS

CUANDO SU BEBÉ CUMPLA LOS 5 MESES, USTED PODRÁ REEMPLAZAR EL MOISÉS POR LA CARRIOLA, O TRANSFORMAR EL MOISÉS EN CARRIOLA (MUCHAS MARCAS OFRECEN ESTA POSIBILIDAD). SENTADO EN ELLA, SU PEQUEÑO SE ADMIRARÁ CON EL PAISAJE Y DESPERTARÁ AL MUNDO EXTERIOR.

INSTALE A SU BEBÉ

Comience por vestir a su bebé en función del clima y de la temperatura. Si hace frío, prefiera un gorro o una capucha (la cual deja pasar el aire), póngale guantes y una bufanda y no olvide cubrirle los pies con el protector o envolverlo en un cobertor. Revise que no tenga ni las pantorrillas ni las manos descubiertas. Por lo general, las fundas que eran útiles para el moisés se adaptan cuando se transforma en carriola; tire de ellas hasta los hombros de su pequeño, lo cual lo protegerá del frío y le impedirá moverse demasiado. Por otra parte, cerciórese de asegurar a su bebé con el dispositivo previsto para tal efecto, con el fin de evitar cualquier riesgo de caída (1).

CONTEMPLAR EL MUNDO...

Desde los 5 o los 6 meses, su bebé puede mantenerse sentado en su moisés adaptado a la carriola (2); este último ya casi no es útil en la carriola, excepto si el bebé se duerme durante el paseo y si usted desea recostarlo para que esté más cómodo. El resto del tiempo, el bebé puede disfrutar del paisaje y de todo lo que ocurre a su alrededor. Aproveche para describirle todo lo que usted ve, para atraer su atención en lo que lo rodea y para distraerlo. Si el paseo le parece un poco largo, ofrézcale algunos juguetes que previamente aseguró a la carriola.

ACCESORIOS INDISPENSABLES

Para que sus traslados sean un éxito, debe equiparse con los accesorios indispensables. Un gran bolso de tela que atará a la agarradera de la carriola le permitirá introducir algunos pañales limpios, biberones, cambios de ropa. Un cesto metálico situado bajo la carriola resulta muy práctico para ir al supermercado sin necesidad de un carrito de compras suplementario. Respecto a los juguetes que usted asegurará en la sombrilla de la carriola, le permitirán al bebé distraerse si el paseo le parece un tanto largo. Por último, tenga siempre a la mano un dispositivo (protector transparente) para impedir que la lluvia arruine su paseo.

> La carriola plegable

A partir de los 12 meses, la carriola plegable resulta ser muy práctica; de paseo en el campo, usted la sacará de la cajuela del auto para recorrer con su hijo los pequeños senderos. En la ciudad, le permitirá sentar a su bebé cuando éste se canse después de un largo rato de compras. Bien plegada debajo de la escalera de su edificio o en la entrada de su casa, ocupará un espacio mínimo y le dará un gran servicio. Sin embargo, elija siempre un modelo con un arnés lo suficientemente rígido para sostener correctamente la espalda de su bebé.

EN EL AUTO

A LA MAYORÍA DE LOS BEBÉS LES ENCANTAN LOS VIAJES EN AUTO, LOS CUALES TIENDEN A CALMAR-
LOS, INCLUSO A ARRULLARLOS... ELIJA UN DISPOSITIVO QUE SE ADAPTE A LA EDAD Y NECESIDADES
DEL SUYO.

LA CAMA TIPO MOISÉS

Los bebés más pequeños pueden dormir tranquilamente su siesta en una cama tipo
moisés, instalada en el asiento trasero, colocada paralelamente respecto al respaldo, y
asegurada en los arneses para el cinturón de
seguridad **(1)**. Un arnés o una red de seguridad permite que el niño no salga expulsado
en caso de accidente. Algunos tipos de moisés
se transforman en cama para el auto.

EL ASIENTO "A ESPALDAS DEL CAMINO"

También puede instalar a su bebé en un asiento
para auto "A espaldas del camino" **(2)**, que es
conveniente para los niños de menos de 9 kilos,
desde el nacimiento hasta alrededor de los 9
meses. Esto le permite llevar al bebé junto a
usted. El asiento para bebé está asegurado al
del auto en todos los puntos para el cinturón de
seguridad. Debe desactivar el dispositivo de bolsas de aire del pasajero cuando sea posible, con
la finalidad de evitar que se active en caso de
choque. Este tipo de dispositivo para el auto
también puede instalarse en el asiento trasero.
Quizás conviva menos con su bebé que si lo
instala adelante... Usted decide según sus prefe-
rencias y necesidades.

EL ASIENTO RÍGIDO

Para los niños más grandes, capaces de mantenerse sentados solos, instale en la parte trasera
de su auto un asiento rígido para bebé, especial
para los bebés de 9 a 18 kilos. Existen dos grandes categorías: los asientos provistos de un
arnés de protección, y los asientos con una
barra de protección a la altura del tórax **(3)**. El
arnés de seguridad de éstos cuenta con entre 3
y 5 puntos de sostén.

EL ASIENTO DE LA CARRIOLA EN EL AUTO

El asiento para auto o asiento rígido se vende
en varias combinaciones: se asegura, gracias a
un sistema de fijación, sobre la estructura de
las ruedas del moisés para la carriola. Una vez
que llegue a su auto, desprenda el asiento
rígido de la estructura de la carriola, tómelo
por el asa y colóquelo en el lugar que elija (en
el asiento delantero o en el trasero) **(4)**. Asegúrelo en los puntos para tal efecto con el
cinturón de seguridad. Ahora sólo le resta
plegar la estructura y acomodarla en la cajuela
de su auto, sin dejar de vigilar a su bebé.

> ## Las precauciones que hay que tomar

• No olvide instalar un cojín inflable o de espuma
para la cabeza cuando el bebé es muy pequeño,
para que su cabeza no se balancee durante el
trayecto. Una toalla de baño también puede ser
útil.

• Proteja a su bebé del sol con una sombrilla o con
una toalla húmeda que instalará en la ventanilla del
auto en caso de que haga mucho calor.

• Deténgase regularmente para refrescar la cabina
del auto y para que su bebé tome aire.

• Sin embargo, tenga cuidado con las ventanas
abiertas que pueden crear una corriente de aire
demasiado fuerte o permitir que entren al auto
insectos o polvo. Cubra a su bebé lo suficiente para
que no tenga frío.

• Cerciórese de sujetar bien los tirantes del arnés
según la talla de su pequeño; de no hacerlo, la protección resultará ineficaz. Debe asegurar a su bebé a
la altura de la cadera y no a la altura del abdomen.

• Jamás coloque objetos pesados en la parte trasera del vehículo o junto a su bebé. Frenar bruscamente o girar el volante de improviso puede
hacer que resbalen y lastimen a su pequeño.

1 3

2 4

los cuidados comunes

EL CUIDADO DEL OMBLIGO

Minutos después del nacimiento de su hijo, el especialista cortó el cordón umbilical que los unía, y luego colocó una pinza en la parte restante, aproximadamente a un centímetro de lo que será el ombligo. El pequeño trozo se secará de manera natural y, al cabo de una semana más o menos, se caerá.

PREPARE EL MATERIAL

Para evitar el riesgo de una infección, debe limpiar todos los días el ombligo. Lávese cuidadosamente las manos. Reúna alrededor de la mesa de cambio el material que necesitará: mercurocromo, suero fisiológico, compresas estériles, gasa y esparadrapo hipoalergénico (opcional).

LIMPIE EL OMBLIGO

Impregne una compresa estéril de suero fisiológico. Primero limpie cuidadosamente el contorno del ombligo, con la finalidad de eliminar posibles restos de mercurocromo seco e impurezas. Luego, cambie de compresa y limpie la cicatriz varias veces hasta que la compresa ya no tenga impurezas **(1)**. Deseche las compresas usadas.

Los primeros días, el ombligo puede supurar ligeramente. Los días siguientes, se seca. Si la zona a su alrededor se inflama y se pone roja, puede ser que tenga una pequeña infección: indíquelo a su médico.

DESINFECTE CON MERCUROCROMO

Vierta luego sobre el ombligo del bebé unas cuantas gotas de mercurocromo. Coloque un pañuelo desechable o una compresa debajo para que el mercurocromo no le escurra por todo el vientre. Retire el exceso con la compresa y posteriormente deje secar durante unos instantes al aire. Es necesario saber que esto no resulta en absoluto doloroso para el bebé. Deseche el resto y la compresa.

PROTEJA EL OMBLIGO

Coloque entonces una compresa seca y estéril sobre el ombligo. Fíjela con dos trozos de esparadrapo hipoalergénico o con una banda umbilical que no esté demasiado apretada **(2)**. Puede ponerle un pañal limpio a su bebé: su ombligo está bien protegido. Sin embargo, cerciórese de que el pañal no estorbe al ombligo, con la finalidad de proteger este último de posibles contactos con la orina. Entre dos cambios, deje el ombligo del bebé el mayor tiempo posible al aire para acelerar la cicatrización. En algunas maternidades, se aconseja no cubrir el ombligo desinfectado con una compresa fija mediante esparadrapo, y esto obedece a las mismas razones.

> **La hernia umbilical**

En algunos bebés, el ombligo sobresale. Esta protuberancia aumenta de volumen cuando llora; esto es la hernia umbilical. En la mayoría de los casos, esta hernia desaparece espontáneamente al cabo de uno o dos años. Pero, a veces (cuando el abultamiento persiste o es muy grande), se aconseja una pequeña intervención quirúrgica. En caso de duda, consulte a su médico.

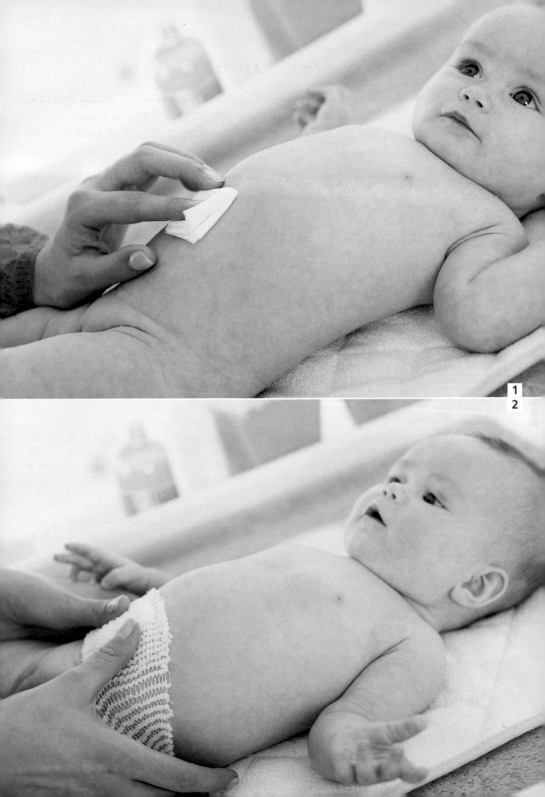

CORTARLE LAS UÑAS

ÚNICAMENTE SI LAS UÑAS ESTÁN REALMENTE MUY LARGAS Y SI SU BEBÉ PUEDE RASGUÑARSE, NO SE ACONSEJA CORTARLAS SINO HASTA DESPUÉS DE LA EDAD DE UN MES. ¡PRESENTAMOS ALGUNOS CONSEJOS PARA QUE NO TEMA EFECTUAR ESTA DELICADA OPERACIÓN!

PREPARE SU MATERIAL

Tome unas tijeras pequeñas de punta redondeada para uñas, que sólo usará para esta tarea y estarán reservadas para el uso del bebé. También existen cortaúñas para niños. Desinfecte las hojas cuidadosamente. Instale a su bebé confortablemente en sus rodillas y rodéelo por el talle con su brazo izquierdo (para las diestras).

COMIENCE POR EL PULGAR

Tome unas tijeras pequeñas y la mano de su bebé. Si tiene miedo de lastimarlo, coloque una pequeña compresa bajo el primer dedo para proteger el resto de la mano en caso de algún movimiento brusco de parte del pequeño. Empiece cortando la uña del pulgar de forma redondeada, no demasiado corta (es doloroso y podría provocar alguna irritación).

RESPECTO A LOS OTROS DEDOS...

Tome luego la mano de su pequeño entre el pulgar y el índice de usted. Cuando su bebé estire los dedos, proceda a cortar cada uña, tal como lo hizo con el pulgar. Cuando haya cortado la uña de un dedo, coloque el dedo meñique dentro de la mano de usted o vuelva a colocar la compresa para evitar los incidentes y efectuar un trabajo preciso **(1)**. No toque las cutículas (no las corte), eso podría provocar una infección.

LAS UÑAS DE LOS PIES

Las uñas de los pies generalmente crecen más lentamente que las de las manos. Sin embargo, requieren el mismo tipo de cuidado **(2)**. La única diferencia es que tiene que evitar cortar la piel, que puede recubrir parcialmente los dos lados de la uña. No corte al ras, sino que, al igual que lo hizo con las manos, deje un pequeño margen, el cual se llama *parte libre de la uña*.

Y SI NO LO LOGRA...

Usted puede cortar las uñas de su bebé... ¡cuando está durmiendo! Este método es conveniente para los niños muy enérgicos que gesticulan mucho durante la minimanicura. El periodo de la digestión, durante el cual su bebé está un poco adormilado, también es un momento ideal.

Si realmente tiene mucho temor de hacerlo mal o si tiene alguna aprensión, solicite al personal de la maternidad más cercana para que le muestre cómo proceder.

> ### Los guantes de protección

Existen guantes de protección, muy útiles durante los primeros días de vida de su bebé, cuando éste es demasiado pequeño para que le corte las uñas. Sin embargo, la utilización de los guantes no debe ser prolongada, puesto que muchos bebés necesitan chupar sus dedos para calmarse, tranquilizarse o simplemente entrenarse para la succión.

1
2

CORTARLE EL CABELLO

SI A SU HIJO LE CRECE EL CABELLO RÁPIDAMENTE, QUIZÁS USTED DESEE CORTÁRSELO. POR EL MOMENTO, NO ES NECESARIO IR CON EL EXPERTO; PROCÚRESE UN PEQUEÑO CEPILLO, UN PEINE Y UNAS BUENAS TIJERAS Y, SIGUIENDO ESTOS CONSEJOS, PUEDE LOGRAR UN RESULTADO SATISFACTORIO.

HUMEDEZCA EL CABELLO

Coloque al alcance de su mano el material necesario: toalla de baño, tijeras de punta redondeada, cepillo de cerdas suaves y peine. Si su bebé ya se mantiene sentado, lo puede instalar en su silla alta. Si no, recuéstelo sobre la mesa de cambio. Con ayuda de un rociador lleno de agua tibia (como los que se usan para humedecer las plantas) o un guante de baño, humedezca la cabellera de su hijo. Vigile que el cabello no esté demasiado mojado, sino sólo húmedo. Seque las gotas que puedan escurrir por el cuello de su bebé.

DISCIPLINE EL CABELLO

Con ayuda del cepillo, desenrede sin mucho detalle el cabello de su hijo. Luego, desenrede cuidadosamente con el peine, empezando por la parte alta del cráneo y alisando bien los cabellos largos, con la finalidad de resaltar las puntas que desee emparejar. Termine por los lados y por la nuca.

CORTAR LOS CABELLOS DEL FRENTE

Empiece por el cabello de enfrente y la parte superior del cráneo. Tome la mecha que desee cortar entre el índice y el cordial, alejándola del cráneo con la finalidad de no lastimar al bebé si hiciera algún movimiento brusco o inesperado. Deje sobresalir la parte que desee cortar por encima de sus dedos extendidos como tijera. Corte la parte que sobresalga con un solo movimiento firme **(1)**. Proceda del mismo modo para el resto del cabello.

CONTINÚE POR LOS LADOS

Con la mano izquierda, baje el pabellón de la oreja de su bebé hacia delante, deteniendo firme pero suavemente la cabeza de su bebé. Con la otra mano, corte los cabellos demasiado largos que le caían sobre la oreja, de forma redonda para que siga el perfil natural del pabellón.

TERMINE POR LA NUCA

Colóquese detrás de su bebé. Acomode el cabello de su nuca estirando los largos con la mano izquierda, con ayuda del peine. Aleje el peine del cráneo de su pequeño. Con la mano derecha corte los cabellos que le parezcan largos, mecha por mecha. Vuélvalo a peinar para alisar la cabellera, luego vuelva a igualar las posibles irregularidades. Verifique el corte rectifique si es necesario. Seque el cabello de su bebé con una toalla. Por último, péinelo con un cepillito de cerdas suaves **(2)**.

SUMINISTRARLE UN MEDICAMENTO

CUANDO UN NIÑO ESTÁ ENFERMO, PUEDE CAUSARLE MIEDO PROCURARLE LOS CUIDADOS ADECUADOS: ¡HACER QUE TOME UN MEDICAMENTO O PONERLE GOTAS EN LOS OÍDOS, EN OCASIONES SE TRANSFORMA EN UN CALVARIO! HE AQUÍ ALGUNAS RECOMENDACIONES SEGURAS Y PRECISAS.

TOMAR LA TEMPERATURA

Tomar la temperatura con la mano sobre la frente del niño no es de ningún modo confiable —cuanto más frías tenga usted las manos, más le parecerá que el bebé está caliente—. También evite el termómetro frontal, el cual sólo le dará un resultado muy aproximado. La mejor manera de tomar la temperatura es con un termómetro rectal. Recueste a su hijo boca arriba, levántele las piernas con una mano e introduzca con la otra el extremo del termómetro en su ano. Previamente, puede untarle un poco de crema emoliente o vaselina para evitar lastimarlo. Usted podrá leer la temperatura después de dos minutos.

El termómetro auricular es rápido, pero es más oneroso y no es muy confiable para tomar la temperatura de los bebés muy pequeños **(1)**.

PONER GOTAS EN LA NARIZ...

Antes de poner gotas en la nariz del bebé, es fundamental limpiar escrupulosamente cada una de las fosas nasales. Para ello, puede recurrir a dos procedimientos que ya han demostrado su eficacia: puede, por ejemplo, confeccionar una herramienta para limpiarlo enrollando una compresa que no deje restos para obtener una pequeña barrita, la cual impregnará de suero fisiológico. Si la nariz del pequeño está muy sucia, opte por la segunda solución: utilice un pañuelo después de haber puesto un poco de suero fisiológico en cada narina. Retire enseguida el excedente de mucosidades situadas en el exterior de la nariz con un disco de algodón que no desprenda

residuos, impregnado de suero fisiológico. Seque bien.

Recueste a su bebé boca arriba para ponerle gotas en cada orificio nasal **(2)**. Incorpórelo y siéntelo. Es posible que su bebé estornude y que expulse las primeras gotas acompañadas de mucosidad. Por eso se aconseja enjuagar la nariz con suero fisiológico antes de poner el medicamento. También puede sentar a su bebé y administrar las gotas en esta posición, presionando el envase o el gotero.

...Y EN LOS OÍDOS

Recueste a su bebé en la mesa de cambio. Si gesticula, sostenga suave pero firmemente su cabeza con la finalidad de que su oreja esté colocada justo enfrente de la cara de usted. Introduzca, pero no hasta el fondo, el gotero del frasco en el orificio de la oreja. Sostenga bien la cabeza de su bebé y aplique las gotas respetando escrupulosamente las instrucciones y la dosis recomendada. Su pequeño debe permanecer con la cabeza de lado (ahora, ayúdelo sosteniendo su cabeza con sus manos, para evitar que se lastime), mientras las gotas llegan hasta el fondo de la cavidad **(3)**. Éstas son las condiciones en las que el tratamiento podrá ser eficaz.

Cuando la operación haya terminado, siente a su bebé y seque las gotas que hayan podido escurrir del pabellón con ayuda de un disco de algodón o de una compresa.

1

2
3

> ¿Qué hacer en caso de fiebre?

Si se trata de una temperatura inferior a 38 °C
que se acompaña de otros síntomas, no es grave.
Sin embargo, en caso de temperatura más elevada, siempre hay que intentar bajar la fiebre
mientras llega el médico.

Empiece por descubrir a su bebé y darle de
beber para evitar todo riesgo de deshidratación.
También puede bañarlo en agua a 2 °C menos
que su temperatura, mojando su cabeza y
aumentando la temperatura del agua gradual-
mente hasta alcanzar los 37 °C. El baño no debe
durar más de 10 minutos. Por último, puede
orientar un ventilador hacia su hijo.

LIMPIAR LOS OJOS

Antes de aplicar colirio, debe limpiar cuidadosamente cada ojo con una compresa o con un disco de algodón que no desprenda residuos impregnado de suero fisiológico (*cf.* p. 42). Utilice un algodón diferente para cada párpado con el fin de no contaminar el otro ojo. El movimiento debe ser del interior hacia el exterior del ojo para evitar cualquier riesgo de que se obstruya el canal lagrimal con las secreciones.

ANTES DE APLICAR COLIRIO

Para aplicar colirio en el ojo del bebé, debe separar los dos párpados delicadamente y sostener bien su cabeza por dos razones: la primera es que el bebé podría lastimarse con el gotero del frasco de colirio al hacer algún movimiento brusco; de ese modo, la(s) gota(s) puede(n) caer fuera del ojo. Con la mano izquierda, apoye suave pero firmemente la cabeza de su bebé, al tiempo que mantiene su ojo abierto con dos de sus dedos, tirando ligeramente de los párpados hacia arriba y hacia abajo. Aplique el colirio con un movimiento rápido y resuelto **(1)**.

DARLE UN JARABE CON CUCHARA...

La clásica cuchara pequeña no es ideal para administrar un jarabe. Los laboratorios farmacéuticos lo han comprendido muy bien, ya que proporcionan otras herramientas junto con los frascos de medicamento: la cuchara graduada y la pipeta. Para utilizar la primera, llénela de jarabe respetando la prescripción médica y, luego, siente a su bebé. Suminístrele entonces suavemente el líquido, colocando el borde de la cuchara en forma perpendicular sobre el labio inferior **(2)**. En general, el sabor dulce del jarabe les gusta a los niños. Si no es el caso del suyo, mezcle el jarabe con el contenido de su biberón para que lo ingiera más fácilmente (*cf.* recuadro de la página siguiente).

...O CON PIPETA

Otro procedimiento es la pipeta, la cual llenará extrayendo el jarabe directamente de la botella. Introduzca luego el extremo de la pipeta en la boca de su hijo y apoye poco a poco su dedo sobre el émbolo, de manera que su bebé pueda tragar el líquido a su ritmo.

> Poner un supositorio

Con frecuencia, administrar un supositorio es motivo de llanto. Para que la maniobra se lleve a cabo sin dificultad, piense en aplicar un poco de vaselina al supositorio (que habrá conservado en un lugar fresco, en la parte inferior del frigorífico). También puede mojarlo ligeramente. Una vez que lo haya introducido en el ano de su bebé, manténgale las nalgas apretadas por un breve momento para evitar que el supositorio se salga. Durante este tiempo, déle al pequeño un juguete para distraerlo.

> El "biberón mágico"

Para suministrar un remedio, también puede utilizar un minibiberón en el que introducirá la cantidad exacta de medicamento. La dosis es tan pequeña que su bebé la ingerirá sin problemas. Rellene entonces con la cantidad de leche habitual. Otro truco: el biberón con émbolo. Es muy práctico, ya que permite al bebé tomar el jarabe a su ritmo. Si al bebé le cuesta trabajo, usted puede ayudarlo con suavidad a terminar accionando el émbolo. Este tipo de biberón es ideal para las preparaciones que se reconstituyen (polvos para diluir en agua, ampolletas...).

1
2

ALIVIAR EL DOLOR DE ENCÍAS

Raros son los bebés que nacen con dientes. En la mayoría, los dientes empiezan a salir alrededor de los 6 meses. Si bien es cierto que no hay ninguna regla absoluta para el momento en que salen los dientes, sabemos sin embargo que esto provoca en el pequeño una verdadera molestia y dolores que pueden calmarse.

SIGNOS QUE NO ENGAÑAN

Primero de manera irregular y ocasional, luego con mayor frecuencia y más abundantemente, su bebé empieza a salivar. El bebé está de mal humor y se lleva a la boca todo lo que encuentra a su alcance. Sus mejillas pueden tornarse rojas e irritadas: se trata de la salida de los dientes. En ciertos casos puede presentarse diarrea e incluso fiebre. Pero, ¡cuidado! No debe atribuirse obligatoriamente la fiebre a la salida de los dientes, ya que puede ser síntoma de alguna otra enfermedad. Paralelamente, puede aparecer un salpullido en las nalgas (para aliviarlo, *cf.* p. 46).

LAS APLICACIONES LOCALES

Algunos médicos aconsejan la aplicación de un producto en las encías (con frecuencia se trata de un gel anestésico local), en los sitios en los que esté realmente roja e inflamada. La aplicación de este producto, que por lo general tiene buen sabor, con su dedo limpio, al mismo tiempo que le da pequeños masajes, le proporcionará tanto alivio al bebé como el producto mismo **(1) (2)**. Respete bien la dosis: por lo general, se recomienda no rebasar cuatro aplicaciones por día. La encía de su bebé se aliviará en el momento en que el diente salga… ¡hasta el próximo diente!

> Cuidado con el viento…

Evite salir si hay mucho viento, puesto que se cree que esto aumenta los dolores en las encías cuando salen los dientes. En caso contrario, cubra bien a su pequeño con un gorro.

LO QUE PUEDE ALIVIARLO

Un bebé se alivia espontáneamente al morder su puño, sus dedos o su tetina. Cerciórese entonces de la limpieza de esos elementos. Se recomienda el mordedor que, en principio, no puede perforarse y está lleno de líquido inofensivo (agua o suero fisiológico) **(3)**. El bebé puede… ¡hincarle las encías! Se aconseja colocarlo en el frigorífico o en el congelador antes de ofrecérselo a su bebé, puesto que el frío constituye una poderosa anestesia natural. Cualquier objeto duro y que no presente peligro puede hacer las veces de mordedor: un aro mordedor, un portallaves de plástico… Otro truco para el bebé de más de 6 meses es darle un trozo de zanahoria, un pedazo de pan duro o una galleta dura, siempre bajo su vigilancia para que el pequeño no se atragante.

> Los medicamentos adaptados

Pídale consejo a su médico, quien le prescribirá el medicamento mejor adaptado, generalmente un remedio a base de paracetamol, en jarabe o en supositorio, o un poco de aspirina. En todos los casos, respete las dosis prescritas. Algunos pediatras recomiendan un pequeño cepillo dental, el cual el bebé morderá a su gusto. El objetivo de la operación: familiarizarse con este objeto que considerará como un "amigo", ya que le habrá permitido aliviar sus dolores de encías.

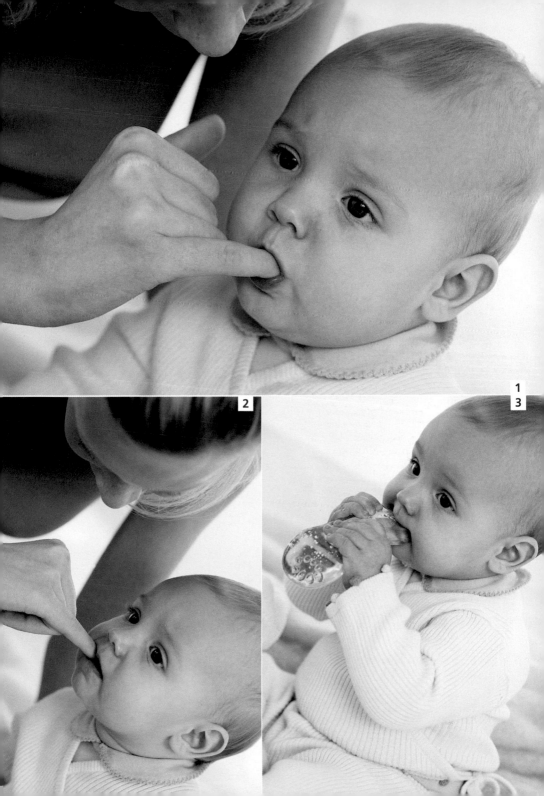

1

2

3

para saber más

EL MATERIAL INDISPENSABLE

DESDE EL INICIO DE SU EMBARAZO, EMPIECE A PROCURARSE TODO EL MATERIAL QUE NECESI-
TARÁ DURANTE LOS PRIMEROS AÑOS DE VIDA DE SU HIJO. ÉSTA ES UNA LISTA QUE PUEDE
SERVIRLE DE GUÍA EN SUS COMPRAS. ALGUNOS OBJETOS NO SON INDISPENSABLES, USTED
DECIDE LAS PRIORIDADES.

PARA UN SUEÑO SERENO

• La cuna mecedora
Si bien es bonita y práctica para mecer a su bebé, la cuna mecedora es cara y poco renta-ble, ya que su bebé crecerá rápidamente y pronto no cabrá en ella. Por razones de segu-ridad, evite elegir un modelo con ruedas.

• El moisés
Fácilmente transportable y ligero, también es menos costoso. Pero, al igual que la cuna, habrá que cambiarlo rápidamente por una cama.

• El colchón para cama o moisés
El colchón debe ser de muy buena calidad. Si compró el colchón o el moisés de segunda mano, invierta en uno nuevo, resistente e hipoa-lergénico. Éste no debe medir menos de 2 cm respecto al tamaño de la cuna o del moisés.

• La camita (60 cm x 120 cm)
Piense en comprarla pronto, ya que este tipo de artículos no siempre están disponibles inmediatamente. Puede utilizarla desde el nacimiento del niño, colocando su moisés en el interior, lo cual le permitirá estar al abrigo de las corrientes de aire. Con fre-cuencia provista de barrotes (para permitir al bebé observar lo que ocurre a su alrede-dor en un sitio seguro y cerrado), se puede utilizar hasta que el niño cumpla los dos años. La camita debe respetar con detalle todas las normas de seguridad. El espacio entre los barrotes no debe exceder los 8 cm y el barandal (cuando lo tiene) debe ser lo suficientemente firme y estar asegurado de cada lado para que el niño más crecido

no pueda bajarlo solo. Si compró una cama armable, asegúrese de que no sobresalga ningún clavo o tornillo.

• El colchón de 60 x 120 cm
Debe ser lo suficientemente firme, en mate-rial de espuma (poliéster, densidad de 10 a 24 kg/m^2) o, aún mejor, con resortes, para que sea indeformable. Es una elección inteligente adquirir uno que sea hipoalergénico e imper-meable, aun si usted lo cubre con un protec-tor impermeable. Algunos cuentan con un recubrimiento que usted puede retirar y lavar en lavadora. Por último, elija un colchón del tamaño exacto de la camita, lo cual evitará que su pequeño se golpee en el espacio entre ambos.

• El protector para los barrotes
Además de ser vistoso, este objeto de tela acolchonado permite crear un entorno agra-dable para su bebé, evitándole tanto los golpes como las corrientes de aire. Además, a los pequeños les agrada dormir con la cabeza oculta en algo, ¡mejor si usted elige uno que sea acolchonado!

> ## La lista o mesa de regalos

Realizar una lista de nacimiento es una costum-bre cada vez más común porque es práctico y económico hacer que los familiares y amigos par-ticipen en la adquisición del material aquí pre-sentado. La mayoría de los grandes almacenes proponen este servicio, en especial por Internet.

• **Los protectores impermeables**
Piense en comprar al menos dos protectores impermeables de algodón plastificado. Siempre será más fácil cuando quiera lavar uno. Cúbralos sistemáticamente con una funda.

• **El bolso para bebé**
Más práctico que una colcha o que una sábana en los que el bebé podría enrollarse (lo que, hasta hace poco, constituía uno de los principales riesgos de asfixia), el bolso para bebé le garantiza un sueño sin preocupaciones.

• **El cobertor ligero para la camita**
Se recomienda usar este elemento después de que el pequeño cumpla un año, a causa de los riesgos evidentes de asfixia. Si su bebé se mueve mucho, siga acostándolo en un bolso para bebé o elija un pijama completo con pies. El pequeño no se descubrirá durante la noche.

• **El cojín para evitar que el bebé ruede**
Se trata de un elemento que da tranquilidad a los padres. El cojín aquí mencionado es una especie de cojín que evita que su bebé cambie de posición durante la noche. De este modo, usted estará segura de que no puede asfixiarse al ponerse boca abajo o tomando cualquier otra posición (a reserva de que usted retire todos los objetos peligrosos de su alrededor).

• **La lámpara de noche**
A algunos niños no les gusta dormir en la oscuridad completa. La presencia de una luz los tranquiliza. Por otra parte, instalar una lámpara de noche en la habitación permite crear un ambiente apacible y propicio para la calma en el momento de acostarse. Cuando usted se levante en la noche para lactarlo, darle el biberón o consolarlo, también le alegrará encontrar una luz tenue que no los despierte a ninguno de los dos bruscamente.

• **El monitor para el bebé**
Este aparato funciona como un radio y permite vigilar a su bebé desde otra habitación.

DISPONERLO TODO EN LA HABITACIÓN

• **El cofre para juguetes**
Por el momento, le permitirá almacenar todos los juguetes y peluches que sus amigos y familiares le regalen cuando nazca su bebé. Luego, podrá poner indistintamente todo lo que haya que ordenar en la habitación en dos minutos, ¡todos los juguetes estarán acomodados y serán fáciles de encontrar!

• **Las repisas**
Son muy prácticas para colocar los objetos que no desee usted que estén al alcance de su bebé (lámpara de noche, pañales, productos para el aseo del bebé, monitor para bebé...). Tenga cuidado de no colocarlos encima de la cama del pequeño: si algún día se caen, ¡no lo harán sobre su bebé dormido!

EL CAMBIO, EL BAÑO Y EL ASEO

• **La mesa o la colchoneta de cambio**
Si no quiere invertir en una mesa de cambio, que con frecuencia resulta algo estorbosa, puede bastarle con una colchoneta para cambio que pueda colocar sobre la cómoda (algunos modelos de cómodas están pensados para tal efecto) o en una mesa lo suficientemente alta, que previamente recubrirá con una superficie plástica impermeable. Una vieja mesa de computadora puede resultar muy práctica porque con frecuencia éstas poseen ruedas y una gran cantidad de lugares para acomodar cosas. Piense en disponer bien el espacio de cambio: necesitará algunas repisas o cajones para acomodar las toallas, paños, pañales limpios y accesorios diversos.

• **La pequeña bañera de plástico**
La colocará usted en la ducha, la bañera o sobre una mesa (algunas se adaptan incluso a una mesa de cambio). Vigile que tenga un tapón para vaciarla.

• **El asiento de baño**
Confortable para su pequeño, también es práctico para usted. Con este objeto, su bebé estará bien colocado y usted tendrá más libertad de movimiento. Sin embargo, estos elementos destinados a mejorar el confort no constituyen ninguna garantía de seguridad: debe seguir vigilando a su bebé todo el tiempo.

• **El termómetro para baño**
Un accesorio muy útil si quiere asegurarse de la temperatura del agua (37 °C).

• **El botiquín para el aseo**
Debe contener un pequeño cepillo de cerdas suaves, un par de tijeras para uñas de puntas redondeadas, algodón que no deje residuos (o discos de algodón desmaquillante), compresas estériles (para desinfectar el cordón umbilical los primeros días, limpiar los ojos...), jabón neutro (o un jabón emoliente, *cf.* p. 34), una crema protectora y, de ser necesario, aceite de almendras dulces, una crema hidratante, mercurocromo, etcétera.

• **Las toallas y los guantes de baño**
Por cuestiones de higiene, se aconseja cambiar la ropa de baño todos los días. Prevéalo y compre la cantidad necesaria.

PARA LA COMODIDAD EN CASA

• **El asiento**
Podrá llevarlo consigo a todos lados. Ligero y fácil de transportar, le permite a su bebé seguir la vida de la casa instalado cómodamente (*cf.* p. 62).

• **La silla alta y el cojín adaptado**
Será necesaria una silla alta cuando su hijo comience a mantenerse sentado y a comer con cuchara. La silla debe ser sólida, y las correas, confiables. Por lo general, el cojín es plastificado para que se limpie fácilmente.

• **El corral**
Usted puede hacer del corral un lugar seguro, en el que dejará a su bebé unos momentos cuando esté en la ducha o al teléfono. Para que su hijo no se aburra, transfórmelo en un rincón especial para él con juguetes, peluches y un tapete de actividades (*cf.* p. 62). Los barrotes ayudarán a su bebé a incorporarse solo.

• **El tapete de actividades**
¡El deseo de su bebé por descubrir nuevas cosas se verá satisfecho si lo instala en el corral! Colores, materiales, sonidos: ¡todo se puede explorar! (*cf.* p. 62).

PARA LAS COMIDAS

• **Los biberones completos**
Existen varios tipos de biberones: de vidrio o de plástico. El biberón de plástico tiene varias ventajas: es ligero, irrompible, suave y siempre se mantiene cercano a la temperatura del ambiente. Sin embargo, se opaca rápidamente, tiende a rayarse y también puede agrietarse. Algunos modelos incluyen agarraderas para que su bebé pueda tomarlo entre sus manos solo. El biberón de vidrio permanece perfectamente limpio si lo lava meticulosamente para evitar los depósitos calcáreos. Sin embargo, si lo deja caer, se rompe más fácilmente. También tiene el defecto de ser más pesado cuando está dentro del bolso y no está adaptado para las pequeñas manos de los bebés. Usted elegirá, según su estilo de vida, el modelo que le sea más conveniente. Cerciórese de tener al menos 6 biberones completos.

• El escobillón

Los biberones deben estar perfectamente limpios antes de esterilizarlos, por ello el escobillón es un accesorio práctico que permite frotar perfectamente todos los rincones.

• El calentador de biberones

Si tiene un horno de microondas o si no le importa calentar los biberones en una cacerola de agua caliente, al baño María, puede prescindir del calentador de biberones. Sin embargo, vigile siempre que este aparato conserve calientes los biberones y a la temperatura correcta durante cierto tiempo: de este modo, podrá prepararlos con anticipación (inferior a 30 minutos).

• El esterilizador

Existen dos tipos de esterilizadores: el esterilizador en caliente o en frío. Usted decide cuál le conviene más.

• El tira leche

Si da el seno a su bebé, esto le permitirá preparar biberones con su propia leche. De este modo, el papá podrá reemplazarla de vez en cuando en los momentos de alimentación.

• Los baberos

Al principio, elija baberos de algodón por un lado y plastificados por el otro, que puedan lavarse en lavadora. También puede comprar desde ahora, como una previsión a la alimentación con cuchara de su pequeño, los baberos de plástico con receptáculo en el que se recupera todo lo que cae de la boca y de la cuchara del bebé.

ROPA MULLIDA

No compre demasiada ropa para recién nacido, pues en poco tiempo ya no le quedará a su bebé. Por otra parte, seguramente recibirá muchos regalos...
Prefiera la ropa para bebés de tres meses, la cual guardará por más tiempo.

Elíjala preferentemente de fibras naturales o 100% algodón (lavable a 100 °C), en particular la ropa interior. Elimine todo aquello que no se lave en lavadora.
Cerciórese de que las prendas sean fáciles de poner y quitar, de preferencia sin costuras muy visibles y sin elásticos que pudieran estorbarle a su bebé.
Esta es una lista indispensable de cambios:
• 10 bodies
• 7 pares de calcetines
• 2 pares de zapatitos para bebé
• 7 mamelucos
• 7 coordinados (un suéter, una playera y un pantalón; un vestido, un par de mallas y un chaleco, etc.)
• Un abrigo
• Un gorro o sombrero para el sol
• Un par de guantes o el trajecito completo (según la estación).

PARA SALIR

• El moisés carriola

Indispensable para los paseos, el moisés carriola es una buena inversión. Existen modelos muy variados en función de las necesidades de los padres. Si vive en la ciudad o en el campo, si tiene uno o varios hijos de corta edad, etc., deberá elegir cosas diferentes. Consulte las páginas 78 a 80 para más detalles.

• El protector de plástico transparente

En cuanto empieza a hacer un poco de frío o cuando hay un poco de humedad, más vale cubrir a su bebé al máximo para evitar que se resfríe. El protector de plástico transparente para la intemperie se vende con frecuencia junto con la carriola o con el moisés.

• La sombrilla

Permite proteger a su hijo de los rayos del sol o de la fuerte luminosidad. Los ojos de su bebé aún son frágiles y, por ende, más sensibles. A falta de sombrilla, usted puede instalar el protector en un moisés.

• El portabebé para el pecho

Asegúrese de que sea cómodo y de que se adapte a su cuerpo. Para saber qué modelo elegir y cómo ajustarlo, diríjase a la página 74.

• El portabebé para la espalda

Reservado para los pequeños de más de 8 meses, le permite a usted ir a todos los lugares donde la carriola no llega (cf. página 76).

• La camita para el auto

Indispensable desde que usted sale de la maternidad para llevar a su bebé a casa, la camita para el auto debe responder a ciertas normas de seguridad. Algunos tipos de moisés pueden utilizarse como camita para el auto. Se coloca sobre el asiento posterior del vehículo.

• Asiento rígido o asiento para el auto

Se coloca en el asiento delantero del pasajero, de espaldas al frente del auto, y se sujeta con el cinturón de seguridad, salvo en el caso de un auto equipado con bolsas de aire en ese lugar. A partir de los 9 meses, su bebé deberá estar instalado en un asiento para el auto; elija un modelo con un cinturón de tres puntos de seguridad, un asiento rígido lo suficientemente alto para proteger la cabeza en caso de choque. El asiento debe ser profundo, y los lados, acolchonados. Cualquiera que sea el modelo que elija, deberá responder a las normas de seguridad en vigor.

• El bolso de maternidad

Elija uno que sea más bien grande, con una correa larga para poderlo asegurar a la carriola o llevarlo en el hombro. En él llevará los pañales para cambiarlo, los biberones, un babero o el peluche o mantita de su bebé.

LOS JUGUETES

Su bebé pronto necesitará algunos juguetes para ayudarlo a desarrollar su sentido de la observación, sus capacidades mentales y motrices, así como su gusto por la vida. Algunos peluches le permitirán sentirse menos solo en su cama y volver cada noche a un entorno conocido. Todos los elementos que le hagan descubrir cosas nuevas pueden servir. También debe pensar en los siguientes accesorios:
• Un móvil musical para colocar sobre la cuna o una caja musical
• Un tapete de actividades
• Unos mordedores para la dentición
• Algunos juguetes para el baño
• Algunos peluches
• Un álbum de recuerdo del nacimiento

> Elija bien los juguetes en función de la edad de su bebé

Los juegos son esenciales, pues ayudan a los niños a desarrollarse correctamente, pero, ¿cómo estar seguro de elegir el juguete correcto? En primer lugar, piense en usar todo lo que le rodea, ¡igual que su imaginación! Un niño apreciará tanto jugar a las escondidas con usted o llenar y vaciar una botella en el agua del baño como jugar con juegos sofisticados, muy estudiados por los fabricantes. Los juegos de manos y las cosquillas son diversas maneras de jugar con un bebé. Respecto a los juguetes que usted compre, se deben observar algunas reglas: un buen juguete es, ante todo, un juguete adaptado al desarrollo y a los gustos del niño: un juguete demasiado elaborado jamás dejará lugar a la creatividad. Así pues, el juguete debe ser lo suficientemente simple para estimular al bebé. Su forma, sus colores y sus múltiples usos harán que se despierte la curiosidad del pequeño. Por último, deberá responder a todas las normas de seguridad, es decir, ser sólido, resistente y no tóxico.

LOS ANUNCIOS DE NACIMIENTO Y LOS AGRADECIMIENTOS

LOS ANUNCIOS SON LA MEJOR MANERA DE INFORMAR A LA FAMILIA Y AMIGOS DE LA LLEGADA DE SU RECIÉN NACIDO. POSTERIORMENTE, NO OLVIDE AGRADECER A QUIENES LE ENVIARON ALGÚN REGALO O ALGÚN MENSAJE CON MOTIVO DEL NACIMIENTO DE SU BEBÉ, ¡ESTO SIEMPRE DA GUSTO!

LOS ANUNCIOS

Estos son algunos ejemplos de textos que usted puede adaptar según sea necesario:

Nos complace mucho anunciarles el nacimiento de nuestro(a) pequeño(a) (nombre del bebé).

¡Hola!
Me llamo (nombre del bebé).
Mido (X cm) y peso (X kg).
Nací el (fecha) a las (hora).
¡Mis padres están locos de alegría!

Después de haber pasado nueve meses dentro de un capullo, decidí salir a la luz el (fecha) para la felicidad de mis padres. Mi nombre es (nombre del bebé).
Peso (X kg) y mido (X cm).

¡Se acabaron las vacaciones a solas en la playa! A partir de ahora tendrán que contar conmigo.
Me llamo (nombre del bebé) y nací el (fecha).
Soy hermoso y tranquilo...
¡Vengan a visitarme! (nombre y dirección de los padres).

CUÁNDO ENVIAR LOS ANUNCIOS

Por lo general, éstos se envían dentro de los diez días posteriores al nacimiento del niño. Sin embargo, hacerlo un mes después no constituye ningún acto de mal gusto.

AGRADECIMIENTOS

Sus familiares y amigos ya han cubierto a su bebé de regalos... Aun cuando usted se encuentre disfrutando plenamente a su bebé recién nacido (y él, a su vez, de sus regalos), no olvide enviar algún mensaje de agradecimiento. Si le falta tiempo o si el hecho de tomar la pluma no le agrada, simplemente haga uso del teléfono o envíe un correo electrónico, nadie verá ningún inconveniente en ello.
He aquí algunas sugerencias para encontrar la frasecita que mostrará su agradecimiento:

(Nombre del bebé) le agradece por las atenciones recibidas con motivo de su nacimiento y le envía un tierno beso.

(Nombre del bebé) aún no sabe escribir, pero se une a nosotros para agradecerle la atención de la que fue objeto a su llegada.

Le agradecemos sinceramente por sus finas atenciones con motivo de la llegada de nuestro pequeño(a) (nombre del niño o niña).

SABER CONFIARLE SU BEBÉ A ALGUIEN

POR ELECCIÓN O POR OBLIGACIÓN, USTED REANUDARÁ SU ACTIVIDAD PROFESIONAL. Y, POR SUPUESTO, DURANTE SU AUSENCIA QUIERE CONFIARLE SU BEBÉ A PERSONAS AFECTUOSAS Y EXPERTAS. AQUÍ LE DAMOS UNA PEQUEÑA GUÍA PARA ESAS PRIMERAS SEPARACIONES...

EL PERIODO DE ADAPTACIÓN

Antes de confiarle su bebé a alguien por primera vez en la guardería o a una asistente materna, una pequeña visita previa se impone: un primer contacto telefónico para elegir la fecha y hora le permitirá conocerlos. Sin importar cuál sea la forma que elija ni la edad de su bebé en el momento en que reanude sus actividades profesionales, es indispensable prever un "periodo de adaptación", tan importante para usted como para su bebé. De tal modo, se instaurará una relación de confianza entre su hijo, las personas que se ocuparán de él y usted misma.

Aumente poco a poco el tiempo que pasa su bebé en la guardería o con la cuidadora, para que la separación no le parezca demasiado brusca. Si le confía su bebé a una asistente materna, también debe efectuar una labor de familiarización, la visitará varias veces, acompañada de su pequeño, con la finalidad de que conozca y se familiarice con el lugar, y aumentará el tiempo en cada visita. Al ver que usted concede toda la confianza a la persona que lo cuidará, a su bebé le resultará más fácil concederle la suya.

PARA IRSE CON TODA TRANQUILIDAD

Cuando su hijo se sienta en confianza, salga del lugar, pero evitando que él ignore su partida; ¡no hay nada más angustiante para un niño que darse cuenta de que, de pronto, su mamá se "evaporó"! Si usted actúa así, al pequeño le costará trabajo tenerle confianza de nuevo y llorará y se angustiará en cada separación. Aun cuando llore un poco cuando la vea partir, se calmará rápidamente gracias a la vigilancia del equipo de cuidados.

RECOGER A SU HIJO

En algunos casos, su bebé puede llorar cuando usted vuelva; tenga cuidado de no tomarlo a mal, se trata de un minichoque emocional, ¡su hijo es sensible y se siente feliz de volverla a ver! Así es que tómese unos minutos para el reencuentro; a su hijo no le gustaría que lo colocara rápidamente en la carriola antes de correr a toda velocidad hacia la casa. Aun si usted tiene prisa, es indispensable que se tome su tiempo para dialogar con la persona que se ocupó de su hijo todo el día, con la finalidad de que se informen mutuamente sobre los posibles cambios o pequeños problemas que pueden surgir en la vida de su bebé.

EL DESARROLLO DE SU BEBÉ

SU BEBÉ ACABA DE NACER. USTED NECESITA TIEMPO PARA CONOCERLO; SIENTE QUE ES FRÁGIL, INDEFENSO. SIN EMBARGO, ¡ÉL YA SABE HACER MUCHAS COSAS! CRECERÁ Y EVOLUCIONARÁ A UNA VELOCIDAD INCREÍBLE, REGISTRARÁ UNA CANTIDAD ENORME DE COSAS Y DESARROLLARÁ COMPETENCIAS DIVERSAS DURANTE LOS MESES QUE VIENEN.

AL NACER

Su bebé tiene ya ciertos reflejos innatos que el pediatra verificó al nacer; se trata de reflejos llamados *arcaicos* que se relacionan con la supervivencia de la especie: el reflejo de succión (que le permite lactar), el reflejo de caminar (si usted sostiene a su bebé de pie encima de una superficie plana, moverá los pies e intentará dar unos pasos), el reflejo de prensión (que le hace tomar cualquier objeto que usted coloque entre sus dedos), el reflejo de Moro (un bebé asustado o que se sobresalta extiende sus brazos, con las manos abiertas para luego cruzarlos sobre su pecho, llorando, con los puños cerrados), el reflejo de la respiración y, por último, el reflejo de la búsqueda (el bebé se vuelve hacia donde se le estimula, por algún roce, por ejemplo).

De igual modo, sus sentidos también están bien desarrollados y listos para funcionar: el recién nacido la ve bastante bien si usted se encuentra entre 20 y 25 cm de distancia, y un tanto borrosa si está más lejos. Aun si distingue mal los colores y los contornos, le gusta seguir con la mirada lo que ocurre a su alrededor. Sin embargo, le teme a las luces demasiado intensas.

Su bebé también tiene el oído muy fino: ya escuchaba su voz y la de su padre cuando estaba en el vientre y, después de su nacimiento, se vuelve más fácilmente hacia las voces que ya conoce. Sin embargo, llorará con más facilidad si escucha ruidos violentos. Sepa usted que los ruidos sordos calman a algunos recién nacidos.

Respecto al sentido del gusto, al parecer, los bebés tendrían una tendencia natural por lo dulce.

El gusto de los bebés está influido por lo que usted comió durante su embarazo, lo cual provocará que su bebé se acostumbre a los sabores básicos (salado, dulce, amargo, ácido).

Por último, debe saber que su pequeño reconocerá con rapidez el olor de usted. Es una manera perfecta de que su bebé distinga a su madre del resto de las mujeres. Un trozo de tela impregnado con su perfume puede calmarlo en ciertas circunstancias. También puede reconocer el olor de su leche y ésta es la manera en que se guía para alcanzar su seno. Espontáneamente, intenta alejarse de los olores desagradables.

Su sentido del tacto también está muy desarrollado: a su bebé le gusta que usted lo tome entre sus brazos, que lo acaricie, que le haga cariños. Ello permite que se calme.

De igual modo, un recién nacido es sensible al dolor, contrariamente a lo que se haya podido pensar durante algún tiempo.

DE LOS 0 A LOS 6 MESES

La fase en la que el pequeño se desarrolla más rápidamente es la de los tres primeros meses ya que gana peso, crece y aprende cosas.

> **➤ ¡Cuidado!**
>
> Las indicaciones que aquí damos sólo sirven de referencia: cada niño evoluciona a su ritmo y adquirirá con mayor o menor rapidez algunas capacidades.

Desde los primeros días, empieza a fijar la mirada. Si sostiene bien la cabeza a los tres meses, usted debe seguir sosteniéndosela bien cuando lo tome entre sus brazos, pues aun se fatiga con rapidez. Entre los 2 y los 4 meses, el niño recostado boca abajo podrá apoyarse en sus antebrazos y levantar la cabeza sosteniéndola así durante algunos minutos.

Alrededor de los 2 meses (incluso antes), su bebé sonríe realmente como respuesta a algún estímulo y empieza a balbucear.

A partir del 4° mes comienza a volverse boca abajo; vigílelo con más atención cuando lo coloque en la mesa de cambio. De igual modo, su bebé se vuelve más observador, ya que es capaz de reconocer un objeto o un rostro familiar.

Alrededor de los 5 o 6 meses, su bebé comienza a mantenerse sentado: si lo coloca entre cojines podrá permanecer en esta posición, pero no podrá levantarse si se cae. Puede mantener la cabeza erguida sin ayuda. Entiende que con sus manos puede tomar cosas, ¡y lo aprovecha para llevárselo todo a la boca! Puede empezar a instalarlo en su silla alta para darle de comer.

DE 6 MESES A 1 AÑO

En 6 meses, la destreza de su bebé ya se ha desarrollado considerablemente y en el periodo que sigue incluso comenzará a ir de un lado a otro. Entre los 6 y los 9 meses, el bebé logra primero no sólo volverse boca arriba o boca abajo, ayudándose con los hombros y las piernas, sino que también logra mantenerse sentado sin perder el equilibrio y sin apoyarse en las manos, aun si esta posición lo cansa y si no sabe colocarse así sin ayuda de su parte. Si sostiene a su hijo por debajo de los brazos, de pie, empujará el suelo con sus pies poniendo rígidas las piernas para intentar mantenerse erguido. Algunos niños —aunque esto es poco frecuente— empiezan a erguirse apoyándose en sus antebrazos (o al menos impulsándose del suelo) desde el 6° mes.

Alrededor de los 8 o 9 meses, el pequeño puede lograr desplazarse realmente, sentado o gateando, según lo que cada uno prefiere. También le gusta mantenerse de pie e intenta levantarse apoyándose en la orilla de su cama, del sillón o de su corral. El bebé de 8 meses maneja mejor sus manos y logra pasarse un juguete de una mano a otra sin dejarlo caer. Sostiene los objetos entre la base del índice y el pulgar ayudado no sólo de su palma para tomarlo. El bebé usa sus sentidos en todo lo que encuentra, tocando, dando golpes para hacer ruido u observando lo que ocurre a su alrededor. En el plano del lenguaje, asocia sílabas —es el periodo de los "tatata dadada..."— y le ofrece a usted grandes discursos sin significado real, pero sí con entonaciones significativas.

A partir de los 10 meses, el niño puede empezar a caminar, sin pasar forzosamente por la etapa del gateo. Por casualidad o por desafío, el niño que ya sabe ponerse de pie intentará dar sus primeros pasos. Sin embargo, la mayoría de los niños llegan hasta los 12 o 14 meses para empezar a caminar. Como quiera que sea, su bebé ya sabrá mantenerse sentado sin ayuda y sin cansarse alrededor de los 9 meses. También sabrá sentarse solo sin dificultad. Poco a poco desarrolla su musculatura. La motricidad de sus manos se desarrolla, lo cual le permite introducir objetos en un agujero, acomodarlos en un frasco o lanzar sus juguetes al suelo para ver dónde caen. Su bebé también empieza a querer tomar la cuchara para comer solo. Intenta asimismo repetir algunas palabras cortas.

EL CRECIMIENTO DE SU BEBÉ

VIGILANDO SUS PROGRESOS DURANTE LOS PRIMEROS MESES, USTED SABRÁ A QUÉ RITMO CRECE Y SE DESARROLLA SU BEBÉ.

EL CRECIMIENTO

Vigilar el crecimiento del cráneo, el peso y la talla aporta una buena indicación del estado de salud y bienestar de su bebé durante su primer año. Aun si la noción de *norma* para una cierta edad es bastante imprecisa, existe un promedio al cual se apegan la mayoría de los bebés.

A su bebé lo pesarán y medirán cada vez que usted visite al médico, y se indicarán las cifras en los diagramas de las curvas establecidas para niños de la misma edad y sexo. Dichos diagramas se encuentran en las páginas del carnet de salud (que le fue entregado en el momento del nacimiento). Esto le permitirá saber si su bebé está dentro del promedio o, al menos, en un intervalo dentro de la normalidad (90% de la población de la misma edad, representado por las zonas azules en los esquemas de la página siguiente).

Algunos padres se preocupan sin razón por las diferencias en estos promedios. No olvide que su hijo se desarrolla a su propio ritmo. Lo más importante es que su crecimiento sea regular.

CÓMO SE TOMAN LAS MEDIDAS

• **El perímetro craneal**

El cerebro —y en consecuencia la cabeza— sigue creciendo mucho durante el primer año. El pediatra medirá el perímetro craneal colocando la cinta métrica justo encima de las cejas y de las orejas y, respecto a la parte de atrás, en el lugar donde el cráneo desciende hacia el cuello (promedio de crecimiento del perímetro craneal en el primer año: 12 cm).

• **El peso**

Un bebé se pesa completamente desnudo en una báscula pediátrica tradicional o electrónica (en promedio, un bebé triplica su peso de nacimiento durante su primer año).

• **La estatura**

Un bebé se mide recostado con ayuda de una cinta métrica especial (promedio de crecimiento el primer año: 25 cm).

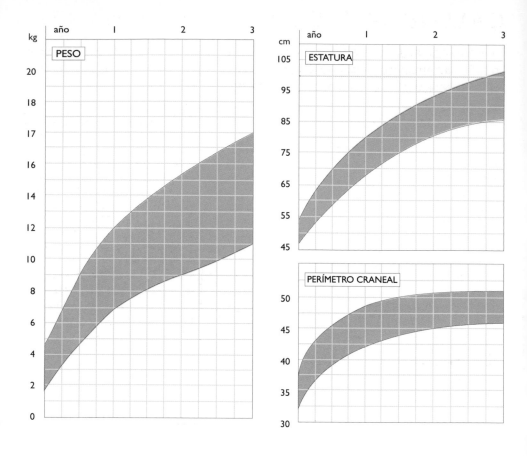

CALENDARIO DE VACUNACIÓN

LA VACUNACIÓN ES UNA IMPORTANTE MEDIDA PARA PRESERVAR LA SALUD PRESENTE Y FUTURA DE SU BEBÉ. SU INMUNIDAD (SU CAPACIDAD PARA RESISTIR LAS ENFERMEDADES) SE REFUERZA GRACIAS A DIVERSAS VACUNAS QUE PROTEGEN DE GRAVES ENFERMEDADES INFECCIOSAS.

LA INMUNIDAD NATURAL

Su bebé llega al mundo con cierto grado de inmunidad natural, adquirida antes de su nacimiento. Esta inmunidad se refuerza si usted le da el pecho, puesto que la leche materna es rica en anticuerpos, particularmente durante los primeros días. Sin embargo, esta inmunidad pasiva, heredada, es temporal, ya que se atenúa poco a poco durante el primer año, lo cual hace que el bebé sea vulnerable a todo tipo de enfermedades de las que la vacunación permite protegerlo.

Por regla general, las vacunas son muy eficaces e inofensivas. Los beneficios de la inmunidad adquirida rebasan por mucho todo riesgo potencial. Los efectos secundarios comunes son, en función de la vacuna, una ligera fiebre o alguna erupción cutánea sin gravedad. Los efectos secundarios más serios son raros. Si aparecen otros síntomas o si la fiebre es elevada, consulte a su pediatra.

EL CARNET DE SALUD

En el carnet de salud de su hijo —que le entregarán a usted en el momento de su nacimiento— encontrará un cuadro recapitulativo de las vacunas obligatorias y opcionales, así como varias páginas donde se anotarán todas las vacunas que se hayan aplicado. Esto le permitirá saber en qué fechas están previstas las próximas vacunaciones y será indispensable para inscribir a su bebé en la guardería y más tarde en la escuela. Del mismo modo, cuando viaje al extranjero deberá llevar consigo este carnet de salud para probar que, efectivamente, se le han aplicado sus vacunas.

> **En caso de que se retrase en el calendario**

No es necesario volver a empezar todo el programa de vacunación. Bastará con reanudar el calendario en la etapa en que se interrumpió y completar la vacunación aplicando el número de vacunas necesarias en función de la edad. El plazo necesario entre cada aplicación es de al menos 4 semanas.

> **¿Y si el niño tiene que viajar?**

Además de las vacunas clásicas que deben estar al día, debe pensar en proteger a su bebé de la hepatitis A (dos inyecciones antes de la partida), de la tifoidea (2 semanas antes de la partida, más un refuerzo tres años después), de la meningitis y de la fiebre amarilla, si el niño viaja a África (una sola aplicación para cada una de las vacunas).

A PARTIR DE LOS DOS MESES

• Difteria, tétanos, tos ferina, polio, *hemophilus influenza tipo b*, hepatitis B: primera aplicación.

A PARTIR DE LOS CUATRO MESES

• Difteria, tétanos, tos ferina, polio, *hemophilus influenza b*: segunda aplicación.

A PARTIR DE LOS SEIS MESES

• Difteria, tétanos, tos ferina, polio, *hemophilus influenza b*, hepatitis B: tercera aplicación.

A PARTIR DE LOS DOCE MESES

• Sarampión, paperas, rubéola (ROR): inyección combinada (segunda inyección antes de los 6 años).

A LOS DOS AÑOS

• Difteria, tétanos, tos ferina, polio (primer refuerzo).

A LOS CUATRO AÑOS

• Difteria, tétanos, tos ferina, polio (segundo refuerzo).

ANTES DE LOS DOS AÑOS

• La vacuna antineumococo (S pneumoniae), no obligatoria, se aconseja su aplicación.

LAS VACUNAS OPCIONALES

• Algunos padres se preguntan si deben vacunar a su hijo contra **la gripe**. Es necesario saber que, en general, los médicos no lo recomiendan especialmente. Se aconseja más bien para los niños que son frágiles a causa de ciertas patologías (insuficiencia renal, diabetes, fibrosis quística, etc.) y para los niños recién nacidos que viven en el seno de alguna comunidad.

• Respecto a la **hepatitis A**, la vacuna suele ser costosa. Se aconseja aplicarla sólo en caso de requerirlo, es decir, si el niño debe viajar a un país donde existiera algún riesgo sanitario (*cf.* recuadro de la página anterior).

LAS MEDIDAS DE EMERGENCIA

AUN CON MUCHA VIGILANCIA, NADIE ESTÁ A SALVO DE SUFRIR ALGÚN ACCIDENTE. ES IMPOR-
TANTE PODER TOMAR LAS PRIMERAS MEDIDAS DE AUXILIO, MIENTRAS SE ESPERA LA LLEGADA DE
LOS SERVICIOS ESPECIALIZADOS.

QUEMADURAS

Un baño demasiado caliente o una puerta de horno mal protegida son los primeros factores de las grandes quemaduras en los más pequeños. Si la lesión es superficial y de poca extensión, basta con aplicar agua fría bajo el grifo (no agua helada), y luego un poco de vaselina. Si la quemadura es más importante, empiece por desvestir al niño, excepto si la ropa está pegada o si se ha fundido (lo cual puede ser el caso si está hecha de materiales sintéticos). Aplique agua fría a las lesiones o rocíelas sin frotarlas. Llame a los servicios de auxilio lo antes posible.

ENVENENAMIENTO

Un niño puede intoxicarse fácilmente. Uno muy pequeño sólo tiene la idea de llevarse todo lo que encuentra a la boca en cuanto puede desplazarse. La primera precaución es poner bajo llave todos los productos peligrosos, tales como medicamentos o productos para la limpieza.
Si de cualquier modo encuentra usted a su hijo "chupando" de la botella de champú o mordisqueando una hoja de planta (con frecuencia tóxicas), llame inmediatamente al centro de salud para tratamiento antiveneno más cercano (piense en colocar el número telefónico de éste cerca de su teléfono). Proporcione entonces la edad del niño, su peso, el tipo de producto ingerido y la cantidad (aproximada), así como los síntomas que observa. Jamás intente nada sin indicación previa del centro; no le dé leche, no le provoque el vómito. Las medidas que deben seguirse varían según el producto ingerido. Por ejemplo, jamás hay que darle de beber a un niño que ingirió champú o líquido lavavajillas.

ASFIXIA

• **Una almohada, un sillón demasiado profundo o un cobertor** pueden impedirle a un bebé muy pequeño e incapaz de liberarse solo respirar normalmente. En ese caso, el niño se pone pálido, morado y se sofoca. Usted debe ayudarlo a recuperar su respiración normal tomándolo entre sus brazos y echando su cabeza ligeramente hacia atrás para facilitar la entrada del aire a sus pulmones. Si ya no respira, llame a los servicios de emergencia rápidamente e intente hacerlo respirar aplicando la técnica de respiración boca a boca.

• **Un dulce, una canica, una semilla o un tapón de pluma** son objetos atractivos que su pequeño puede llevarse a la boca o introducirse en la nariz. En lugar de expulsar el objeto, incluso puede atragantarse con él. Se pone entonces rojo y tose. Si el objeto se ve cuando el niño abra la boca, intente retirarlo con dos dedos, excepto en el caso en que se corra el riesgo de introducirlo más profundamente. Intente que el niño expulse lo que le molesta: colóquelo boca abajo, con el tórax extendido sobre el antebrazo de usted y su otro brazo entre las piernas del niño. Sostenga los hombros del bebé con sus dedos. Con la otra mano, golpee varias veces la espalda del pequeño entre los omóplatos, teniendo cuidado de no lastimar las costillas. Si no es suficiente, practique la maniobra de Heimlich: siente a su bebé sobre sus piernas y haga presión con ambos puños en su estómago, hacia arriba y hacia atrás.
Aun cuando el niño expulse el objeto, llévelo al médico para verificar que no haya ninguna lesión.

Si el objeto está detenido en la laringe, es más grave: conserve la calma y llame a los servicios de emergencia.

CAÍDAS

Con frecuencia se hospitaliza a los bebés después de una caída de la mesa de cambio o cuando se desprende la agarradera del moisés. Así pues, es importante que se informe a los padres de los peligros que corre su bebé en esos casos.

En el caso de un bebé que puede desplazarse, los riesgos son diversos: caída de la escalera, de una ventana, contra un radiador o contra el filo de una puerta. Si el niño se lastima al caer y sangra, ejerza presión sobre la herida para detener el sangrado y desinféctela. Si la herida es muy grande, llévelo al hospital para que le practiquen algunos puntos de sutura. Si no sangra, verifique con cuidado su comportamiento en las horas y días que siguen. Quizás resulte necesario realizar alguna radiografía de cráneo para verificar que no haya ninguna lesión. Justo después de la caída, el niño puede palidecer y vomitar un poco, lo cual no deberá preocuparle, pero aun así, póngase en contacto con su médico. Sin embargo, si su pequeño vomita reiterada-mente varios días después del accidente, deberá permanecer bajo vigilancia médica.

En caso de sufrir alguna caída importante, el niño puede perder el conocimiento. Si no se despierta, llame inmediatamente a los servicios de emergencia. Si recobra el conocimiento justo después, deberá vigilarlo cada tres horas durante toda la noche posterior a la caída.

ELECTROCUCIÓN

Los más pequeños tienen una desafortunada tendencia a introducir sus dedos en las tomas de electricidad, es por ello que obligatoria-mente debe instalar tomas eléctricas de seguridad en toda la casa. También evite dejar cables eléctricos sueltos que el niño podría tener la tentación de tocar... Una descarga eléctrica ligera provoca una sensación de quemadura o un picoteo, mientras que un choque más importante puede hacerle perder la conciencia y detener su respiración. Si esto le ocurre a su bebé, corte inmediatamente la corriente. Si no puede, aleje al niño de la fuente de electricidad con ayuda de un material no conductor como un palo de escoba, de madera o de plástico, y llame inmediatamente a los servicios de emergencia, sobre todo si su pequeño ha dejado de respirar.

ÍNDICE GENERAL